分享经济
可以这样玩

蔡余杰◎著

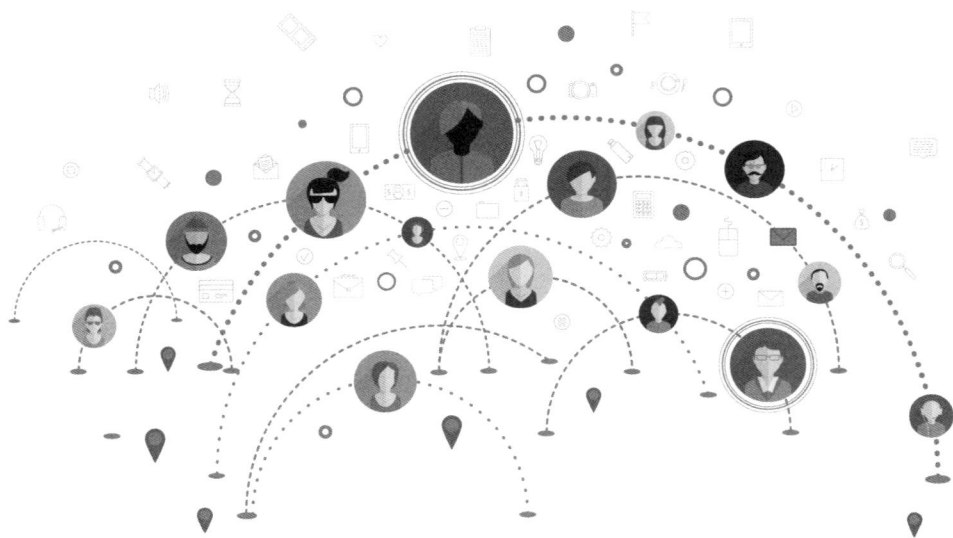

ZHEJIANG UNIVERSITY PRESS
浙江大学出版社

这是一个被互联网改变了经济格局的时代。

在互联网时代,工业经济正在向信息经济加速过渡,传统的商业模式则正在被越来越多的分享经济所包围。互联网作用于人类社会,一个极为重要的影响力就是出现了分享经济。

分享经济,即是指通过技术把闲置资源的拥有者和需求者重新进行匹配,并以此大大提高社会资源的整体利用水平和效能。简单点来说,它是一种点对点的经济形态,是一种建立在人与物质分享基础上的经济生态。

在分享经济被广泛运用之前,社会上有着大量的闲置资源,对这些资源有需求的人又不得其门而入。而互联与分享的结合将这些资源完全盘活了起来,创造出全新的价值。消费者能够从分享中得到节约时间和成本的好处,而所有者也避免了闲置带来的烦恼。

分享经济,加上互联网时代特有的大数据、云计算、人工智能等特点,万物互联共享都成为可能。种种动因叠加起来,分享经济势将对人类社会造成重大影响,并且其增长的潮头会势不可挡。

有这么一组数据,2015 年,中国分享经济市场规模就已经达到了1.956 万亿元,在此领域中提供服务的人基本达到 5000 万,约占劳动力人口总数的 5.5%。预计到 2020 年,市场规模占 GDP 比重将超过 10%。

分享经济可以这样玩

　　我们的生活已经被分享经济所包围,滴滴打车、神州专车,把人和车更好地连接在了一起;饿了么、美团外卖,将人和美食更直接地连接在了一起;优客工场,让人们可以联合办公;小猪短租,创造了更有人情味的住宿……

　　分享经济正在迅速渗透到更多的领域和细分市场,它降低了准入门槛,让全民参与,为"大众创业,万众创新"注入了新活力。

　　在这个世界上,几乎没有什么是分享经济不能涉猎的,只要我们想,只要找好用户的痛点,只要合理应用互联网的特点,就有可能做出一个分享平台,取代传统的运营模式,创造出振奋人心的成绩。

　　在这本书里,我们对分享经济进行了全新的解读,力争让每一个人都能明白分享经济,活用分享经济,能够实实在在地享受到分享经济带给我们的红利。

　　要知道,这是一个不抓住分享经济的东风就很可能被淘汰的时代。无论是企业还是个人,只要我们处于这场全新的商业变革之中,我们就必须动起来。

C目录ontents

第四章　打造你自己的鱼塘

第五章　现在是众销时间

第六章　分享经济的产品模式

第七章　组织关系"升级版"

第八章　传统企业如何奔赴分享新经济市场

第一章

"分享经济"，分享什么？

正在改变传统商业模式的"分享经济"

不管你承不承认,我们现在已被越来越多的"分享"包围。

您或者身边的人需要外出打车,如果还要站在马路边拦出租车,是不是有点浪费时间?我们完全可以和别人拼个车嘛。又比如,出行不想住酒店,因其性价比太低,可以在网上找短租房……

显而易见,这里的拼车、短租都是在与人分享。以拼车为例,几人共同承担原本需要一个人来支付的费用,不仅缓解了钱袋子压力,而且途中还能交到朋友,甚至还可能会有段精彩纷呈的奇遇。总之,这种方式大受用户青睐。

在这个互联网的时代,分享已成为人们离不开的词汇,由此衍生出来的一种经济形态,就是分享经济。简单点来说,它也属于一种点对点经济,是建立在人与物质分享基础上的经济生态。"我为人人,人人为我"是分享经济的精髓,即用闲置资源来换取利益。

分享经济的最早提出者是美国得克萨斯州立大学的菲尔逊和伊利诺伊大学的斯潘思两位教授。他们在 1978 年指出,如果有一个第三方创建的基于信息技术的平台,而个人可以在这个平台上交换闲置物品,分享资金、知识、经验等,那这种经济形态将会强有力地改变世界。

而现在,这种经济形态正在形成各种平台。我们熟知的"滴滴出行""饿了么"便是这种商业平台的典型体现。有数据统计,中国 2015 年参与分享经济的人数达到 5 亿之巨。毫无疑问,这是一个庞大的市场,也是一块甜美的蛋糕。2014 年到 2015 年,我国出现了越来越多的分享经济企业,席卷了多个行业,并且还在以每年 40% 的速度不断增长。

不仅是我国,全球范围也在不断出现分享经济的浪潮。2015 年,仅美国分享经济的市场规模就有约 5100 亿美元,占了美国 GDP 的 3%,投资分享经济的机构有 198 家;而在 2010 年,这样的机构还只有 20 家。足见它滚雪球似的成长速度有多快。

分享经济的爆发绝不是偶然的,而是有其必然性,因为和传统经济相比,分享经济有着无可比拟的优势。

虽然传统经济自有一套成熟的、完整的商业模式,但现代社会的发展速度,早已超过了传统经济的预期。在互联网大行其道的今天,传统经济的发展速度正在逐渐慢下来。而分享经济作为一种基于互联网的新兴经济,准确地把握住了未来资源共享、信息共享的趋势,是一种人人皆可用的全新市场交换经济。

由于互联网的普及,人们看到了更广阔的世界,一部分人有了用少量钱办更多事的想法,而另一部分人也乐于出售自己的闲置资源来赚取收益,供需双方都能从中获得利益。当然,资本市场的追捧,也是分享经济发展如火如荼的动因。

分享经济源于互联网,它给我们提供了一种新的思维模式。在传统商业中,闲置资源经常得不到利用,而分享经济却让闲置资源的再利用成为可能。而这些资源因为本身是多余的,所以不需要再生产。以前,我们讲"顾客就是上帝",而在分享经济中,"顾客也是服务者",顾客也可以提供服务。仅仅是这种思维模式的变化,就可以改变很多行业规则,掀起一场新的产业革命。

从这个意义上讲,分享经济又可以说是一种"互联网＋生态文明"的新业态经济。它是颠覆性的,是革命性的,更是人类进化所必需的。

新商业浪潮的下一个风口

早在 2014 年博鳌亚洲论坛年会开幕式上,李克强总理做主旨演讲时就曾介绍过"新经济"的主要内容。他呼吁各国顺应全球新技术革命的大趋势,加强相互间的交流与借鉴,进一步促进科技发展。

2016 年党的十八届五中全会,李克强总理更加明确地指出:推动新技术、新产业、新业态加快成长,以体制机制创新促进分享经济发展,建设共享平台,做大高技术产业、现代服务业等新兴产业集群,打造动力强劲的新引擎。支持分享经济发展,提高资源利用效率,让更多人参与进来、富裕起来。

这是我国第一次将分享经济写入党的全会决议。显然,某些程度上的资源共享会让社会协同合作更有效率,也更亲民。

分享经济是一种建立在资源共享基础上的崭新模式,它不仅运用技术力量实现了资源的优化配置,大大减少了能源消耗,还借互联网的东风,以迅雷不及掩耳的速度渗透到许多领域和细分市场,真正做到降低门槛,全民参与,为"大众创业、万众创新"注入了新活力。

从 2014 年的"发展分享经济",到 2016 年的"促进分享经济发展""支持分享经济发展",几字之差,却充分表现了中央对经济方向的看重,以及其鲜明的态度和坚定的立场。

政府要大力推进"互联网＋政务"服务,几乎所有老百姓都要拍手叫好。很多人可能还记得相声大师马季和唐杰忠的相声作品《多层饭店》,

甚至也曾有过直到"演出结束那碗面条"才审批下来的经历。尽管这些年的改革使经济腾飞，办事效率逐步提高，政务也渐渐人性化、简单化。然而，不尽如人意的地方还有很多，迫切需要一套公开透明的服务机制。

部门间的数据共享，减少了许多不必要的程序，让居民和企业少跑腿、好办事、不添堵，自然是受欢迎的。另外，简除烦疴、禁察非法，使人民群众有了更平等的机会和更大的创造空间。

如此可见，在分享经济的实践中，中国走在了世界的前列，也表现出了前所未有的决心。这从另一个侧面能够预见，未来很有可能是共享者的天下。

对此，各商业大鳄们早有预言，也未雨绸缪地开始布局。

在目前已知的分享经济中，交通出行分享是最成功也是最多人参与的一种分享，而它也成为影响交通出行乃至我国经济增长的一个巨大产业。据统计，仅 2015 年，我国各主流交通分享平台的成交额就达到了 1000 亿元。

很多人应该都有这样的体会：出门不坐公交了，不挤地铁了，不打出租了，而是习惯于选择滴滴。这一出行方式不仅价格便宜，而且简单可行，无论是刮风下雨还是天寒地冻，只要动动手指，距离你最近的汽车就会出现，因而自然成为出行首选。

滴滴出行在一定程度上满足了公众的分享需求，它把私人交通工具的运力调动起来，使之能为公众服务。以前我们是分享一辆汽车，而现在，则细化到了分享一个座位。在没有增加城市车辆数量、不多占用道路资源的情况下还增加了运力，对社会和公众都有着前所未有的便利。当然，更重要的是，提供分享的第三方平台的滴滴出行也因此赚了个盆满钵满。

分享经济已经来到了时代的风口，值得引起所有商业人士的重视。不管是传统还是现代的企业，都不能对其视而不见。否则，在未来竞争的路上，会因目光短浅而付出惨重代价。

2016 年 3 月 3 日,腾讯公司首席执行官马化腾声称,分享经济将成为促进经济增长的一个新动能。在马化腾看来,科技的快速发展,促进了生产力快速发展和社会财富迅速累积的同时,也将导致产能过剩、资源过剩。这些过剩的产能,只有分享才能将其盘活,并使之产生新的经济效益。目前看来,现实正一步步朝他预言的这个方向前进。

相对于传统经济,分享经济成本更低、门槛更低、效率更高,很容易就能实现供需的匹配。而且,它具有极强的灵活性,我们社会中的每一个人都可以参与,并从中获益,真正实现了"人尽其能,物尽其用"。

阿里巴巴集团首席执行官张勇则更加乐观,他认为分享经济必将从今天的公共服务领域,拓展到更广阔的领域。现代社会走的是一条从消费到供给,再从供给到充分的共享道路。

时代在发展,社会在进步,分享经济正在打破机构、资源的限制,以百米冲刺的速度快速崛起。

无"分享"，不创造价值

一直在说"分享"，我们到底分享什么？分享产品、空间、知识技能、资金、劳务、生产技能等，这些都可以分享。

先说分享产品。它既可以是一件衣服、一只包、一个玩具、一口锅，也可以是一辆车子、一台投影仪、一架飞机、一艘游艇。只要是国家法律允许范围内的，基本上无不可分享之产品。

佛靠金装，人靠衣装，但时髦又靓丽的品牌衣服，动辄几千几万元，并非谁都买得起。即使年年买新装，女生的衣橱里永远缺件最合适的衣服。工薪阶层希望能将有限的收入花费在最有价值的地方，但公司酒会、客户应酬，总不可穿得平淡无奇，让自己在气势上就先输了阵。

这时候，分享性质的服装租赁网站便成为最好的选择。只要你挑中自己喜欢的，报出尺码，交了押金，衣服便能到手。在保证衣服完璧归赵的情况下，仅付少量租金就可以在宴会上大放异彩。这类网站分享的不仅有各种名牌时尚服装，还有各类名包、香水、化妆品试用套装等，真正做到了物尽其用。

再说分享空间。千万不要以为分享的是什么网络虚拟空间，虚拟空间当然能共享，但更实惠的是诸如一栋房子、一间办公室、一块土地、一个停车位之类看得见摸得着的东西。

家里房子太大，自己住孤单又无趣，与人分享，一边收房租，一边交朋友，金钱感情两不耽误。办公室也一样，公司经营不需要那么大的场地，刚好找同伴来分担开销。WeWork 便是这样形式的存在。

WeWork 自 2010 年落地纽约以来，租下各类办公空间，再以工位为单位分租给小型企业和创业者，并提供运营服务。办公室活跃着不同公司、不同行业的人，他们共用 WeWork 免费提供的无线网络、复印机、咖啡机，甚至更多其他物资，达到了相互合作与共赢。

至于分享知识技能，就更普遍了。与知名搜索网站为伍的各类搜索引擎，让网民们了解到了大量的共享信息资源。分享知识网站集众人智慧、知识、经验为自己所用，创造更多的社会价值。或是做资源整合后再开发，在这一点上"名医主刀"成果显著。

"名医主刀"以互联网为媒介，充分解决百姓"看病难"的现实问题。它把三甲医院的主刀医生通过预约匹配到业务量较低的医院，同时盘活二甲及以下医院的空余床位，规避三甲医院没床位、二甲医院缺乏高技术医生的状况。以患者的手术需求为切入口，帮助有需求的患者在第一时间预约全国知名专家并安排入院手术，借助网络信息资源，打造一个国内最大的移动医疗手术平台。

分享资金，诸如众筹、P2P 借贷、各大网站的金融理财项目等自不必详述。

分享劳务，有专门的家政、洗衣、保镖之类的相关机构，出租或换购闲散劳动力及多余的时间，于人于己都方便。

分享生产技能则多少有些不同。它主要表现为一种协作生产方式，包括工厂、信息基础设施、农机设备、能源、动力等。像阿里巴巴"淘工厂"这种联结淘宝卖家与工厂的平台，不仅为淘宝卖家解决了找工厂难、试单难、翻单难、新款开发难等一系列问题，还给传统工厂带来更多商机，是电商卖家与优质工厂之间一座不可或缺的桥梁。

除此之外，大家还可以分享旅行，分享学习，分享晚餐……总之，只有你想不到，没有分享做不到。

我们周围的一切都在共享中创造着全新的价值，消费者从共享中得到了节约成本和时间的好处,而其所有者也避免了资源闲置带来的烦恼。如果没有租赁,有些人或许根本不可能接触到那些价格与自己收入相差悬殊的产品,而这些产品的拥有者在喜欢一段时间后便被压在箱底,多么浪费呀!

为消除不必要的闲置,从根本上杜绝资源浪费,发展分享经济刻不容缓。据调查,2015 年,中国分享经济市场规模约为 1.956 万亿元,在此领域中提供服务的达到 5000 万人,预计到 2020 年,市场规模占 GDP 比重将超过 10%。

由此可见,分享经济是大势所趋,也终将取代传统运营,创造出傲人的成绩。

席卷全球的"分享"平台

谈到分享，很多美国人不会忘记肖恩·范宁，这位在分享领域中第一个敢吃螃蟹的男孩，是全球第一个走红的 P2P 音乐交换软件 Napster 的创始人。

1998 年，18 岁的肖恩·范宁还是美国波士顿东北大学一年级的新生，当时他有位热爱音乐的室友，常常为高昂的 CD 价格而头疼。这名室友偶尔会在网上搜索音乐，但那个时候，唱片公司的垄断经营很强势，搜索起来很不容易。热心的肖恩·范宁为室友编写了一个简单的程序 Napster，这个程序可以在搜索到音乐文件之后，把所有的音乐文件地址存放在一个集中的服务器中，进而能够方便地过滤上百条地址，并提供检索，从而找到自己需要的 MP3 文件。

原本只是无心插柳的小事，但这个程序竟然在大学里传开了。同学们对它大加赞赏，说它是"杀手程序"，令无数音乐爱好者美梦成真，Napster 在极短的时间内拥有了大量使用者。

1999 年 1 月，肖恩·范宁开始了 Napster 程序的深入研发与服务。很快，其网络注册用户达到上千万。同年 5 月，Napster 公司宣告成立。

Napster 的软件，不仅可以把音乐作品从 CD 格式转化成 MP3 格式，还提供平台供用户检索、上传和下载各种音乐作品，几乎叫醒了全部美国人的耳朵。这可以说是 P2P 软件成功进入人们生活的一个重要标志。

肖恩·范宁创业初期的条件非常艰苦，为了能集中精力开发产品，他选择了辍学。在他的努力下,Napster 程序软件逐步完善,网络注册用户最高峰时达到 8000 万之巨。Napster 上线后迅速风靡美国各高校,越来越多的网民学会熟练地使用软件转换音乐格式,他们把自己手中的 CD 光盘转制成几十兆的 MP3 音乐,并且可以与喜欢同样风格音乐的人聊天,与之在论坛讨论,互相交流。

在音乐发烧友们为省掉许多不必要的光盘开支欢喜雀跃时,Napster 也让唱片业老板们恨得牙痒痒,欲除之而后快。

国际五大唱片公司对 Napster 提出起诉,指其涉及侵权歌曲数百万首,要求其为每支盗版歌曲赔偿 10 万美元。年轻的肖恩·范宁败诉了,他提请上诉之后,二审依然判其败诉。最终,在 2002 年 6 月,Napster 宣告破产。

尽管 Napster 生不逢时,尽管当时的经济与法律尚未做好迎接信息技术新变革的准备,让这位前卫的年轻才子与他的公司当了一次炮灰。但 Napster 的免费服务和快速流行让其在电脑界和娱乐业里成为一个传奇的符号。

分享之火一旦被点燃,便不会轻易熄灭。一位革命者倒下,必定会有其他革命者相继站起来。尽管在法庭的责令下,Napster 的免费服务彻底成为历史,但它却给点对点文件共享程序,如 Kazaa、LimeWire 和 BearShare 的拓展铺好了道路。人们的共享意识被唤醒后,再要打压和控制就不容易了。

随后崛起的维基百科、假日房屋租赁、空中食宿(Airbnb)、优步(Uber)、猪八戒网、时间财富网等,都是对 Napster 分享模式最好的肯定。

在科技高速发展的今天,信息、网络、移动端逐渐成为我们生活中不可或缺的一部分。公交车上,地铁里,商场里,大街上,你会看到无时无刻不在摆弄手机或平板电脑的人,他们或看,或听,或聊,分享文字,分享生活,分享快乐……

2016 年 2 月 28 日上午,《中国分享经济发展报告(2016)》白皮书发布会在北京举行。报告指出分享经济将呈现五大趋势:内涵持续深化,外延不断扩大;竞争日趋激烈,少数企业胜出;传统企业转型,积极拥抱分享;监管体系重构,社会协调治理;倡导开放包容,走向信息社会。

中国互联网协会副秘书长杨一心在致辞说:"在经济增速放缓的时候,分享经济能得到更快发展,因为人们将更多从占有的执着中解放出来,转而拥抱使用。"

这也就是所谓的抱团取暖,大数据技术和移动互联网平台给人们带来了更多的方便、更好的机会、更高的收益、更合适的就业、更人性化的服务、更与众不同的体验。

2015年12月13日,中国互联网协会分享经济工作委员会成立,至今协会已经涉及七大领域,有四十余家会员单位。其中,滴滴出行、蚂蚁金服、空中食宿等都或多或少地为改善民生,促进国内经济的发展做出过贡献。

仅2015年一年,滴滴出行全平台订单总量达14.3亿,远高于全球同行业其他公司,就连委员会名誉顾问,被誉为"全球分享经济鼻祖"的罗宾·蔡斯女士都觉得这是个了不起的神话。

各类分享企业如潮水般涌来,在各个领域开疆拓土,这些企业在快速成长的同时,还要小心传统企业的明枪暗箭,以及发展中的绊脚石。另外,对于种种新生事物,相关的监管还不是很到位,虽然政策导向趋于明朗化,可相应的法律条文还未完全出台,因而在很多方面存在问题。但有一点非常明确,对于席卷全球的分享经济浪潮,中国已经做好备战准备,也必定能够发挥后发优势,且行且完善。

个人在"分享"中的意义

我们生存于这个世界上,每个人都分饰着两个角色。第一,劳动者;第二,享受者。

你去买东西,去消费,你是顾客,是上帝,你出行、住宿、吃饭,都是在享受别人的服务;而在工作时间里,你是在为别人服务。其实,这些服务又何尝不是分享呢?化妆品促销员通过告诉你怎么洁面,怎么按摩可以减少细纹来达到销售化妆品的目的;服装专柜人员通过让你试穿,来判断哪个色系、哪种款式更适合你的肤色、身材和气质;还有些面包房和咖啡厅在开业或新品发布时,会推出试吃活动。诸如此类的试吃、试玩、试用、试睡、试驾等,便是小规模"分享"的雏形。

然而,仅限于"试"会不会觉得不过瘾呢?我们渴望更多地参与,我们想做分享的主人。好似当初那些把自己手中的 CD 拷贝出来,上传到网络的人。社会需要交换,人们用各自手中多余的资源去换取更有用的价值。

一天天朝九晚五的工作,每一个今天都仿佛是昨天的重复,你厌倦了吗?不喜欢总是在固定的环境、特定的人群中打转的你,想没想过更自由的工作?

分享经济中灵活的就业方式为我们打开了另一扇门。猪八戒网,这个中国领先的服务众包平台,不知道为多少兼职的或全职的创意策划者开辟了生财之路。它的服务交易品类涵盖创意设计、网络营销、程序开发、文案策划、商务服务、生活服务等多种行业，上百万的服务商集聚一堂，为企业、公共机构和个人提供定制化的服务。大家将创意、智慧、技能转化为可出售的商业价值与社会价值，通过悬赏模式达到双赢的效果。

比如，你的公司需要一个 logo 或品牌广告语，员工绞尽脑汁想出来的方案老板都不满意。无奈之下公司把需求发布在猪八戒网上，网站通过速配模式，在短时间内寻找与要求精准匹配的服务商来提供服务。公司很快就能获得多种方案，选到百里挑一作品的概率也非常大。这些投递方案的服务商中，有些是专业的策划公司，也有很多是个人，他们利用闲暇时间赚取赏金，甚至有些人根本就是职业的"赏金猎人"。

早在 2013 年 8 月，猪八戒网交易额就突破了 25 亿元。至今，"八戒悬赏"已累计解决近 200 万个悬赏任务，"八戒知识产权"累计成交近 30 万件，其他内容的成绩也很显著。网站平台上目前聚集了 300 万家微型企业和 1100 万名创意设计、营销策划、技术开发等文化创意服务人才。其中，不少优秀的人才已经拥有了自己的创意公司。

在这种专业人士扎堆的地方，企业机构和个人都能获得低成本、高效益的服务，喜欢拥有弹性工作时间的劳动者更是乐呵呵地迈开大步领赏去。

分享经济的确创造了不少自由的工作机会。短时间内，个体户和自由职业者的数量激增。2016 年 4 月 26 日，在滴滴出行对外发布的《2015—2016 年移动出行就业促进报告》中，滴滴出行平台注册的专快车、顺风车、大巴、代驾司机等有近 1400 万人，注册用户 2.5 亿，平台已经创造 1332 万以上的就业岗位，还孵化出 4000 多家创新创业企业。在提供了更加平等、自由、灵活的就业机会的同时，平台额外解决了两万多人的就业问题。

据统计，截至 2015 年年底，阿里巴巴零售商业生态创造的就业机会超过 1500 万个。仅淘宝和天猫平台提供的就业岗位就达到 1104 万个，电商物流领域的就业机会约 203 万个。"淘女郎""众筹创客""农村电商合伙人"等也摆出谁与争锋的架势。

参考网购中平均一个直接就业岗位可以带动 2.85 个间接就业岗位的规律，我们大致能推算出，阿里巴巴催生了约 3000 万个间接就业岗位。

还有"饿了么"网站，自上线后，其服务已覆盖全国 300 多个城市，日交易额突破一亿元，用户量超过 4000 万。自打造外卖即时配送平台以来，"饿了么"日峰值配送订单已突破 100 万单，其全职配送员超过 50 万人。照这般速度发展下去，五年内，将再创造 100 万人的岗位就业。

每个人在"分享"中都是一颗螺丝钉，既是分享的主体，也是分享的客体。换句话说，你有可能是那些新商业模式创造出的就业大军中的一员，更有可能随时随地使用着分享所带来的产品，为这个即将到来的分享经济的繁荣添砖加瓦。

第二章

互联网让分享成为一种潮流

从 O2O 到 OO

Online To Offline(O2O)即从线上到线下。O2O 的概念最早来源于美国,是指将线下的商务机会与互联网结合,让网络成为线下交易的平台。这种电子商务模式需具备五大要素:国家级权威行业可信网站认证、独立的网上商城、全面社交媒体与客户在线互动、在线网络广告营销推广、线上线下一体化的会员营销系统。

简单来讲,就是一家企业把自己的产品信息发布到网上商城,由专门的在线网络客服人员对这些产品进行售前、售中、售后服务。而消费者通过货比三家选出价格合适的产品,从客服处了解其性能,在买家评论里对其质量有初次认识后做出选择,进行网上支付,然后由快递送货到家,至此全部的消费过程就结束了。

O2O 兼备网上商城和线下实体店的功能,网上所有的活动与宣传,都是为了能够给实体店带来更多利润。有些时候,出于鼓励消费和提高知名度的目的,网上商城的价格要比线下实体店便宜。一般情况下,两者的全品类价格是基本相同的。

早期的 O2O 经营模式,主要是利用线上推广的便捷性将大量网络用户集中起来,靠数量压倒一切,从而达到拉低价格的目的,以"美团"为代表的线上团购或众人促销等都是这种类型。可是,这种玩法只能刺激一次性消费,因其单向性、黏性较低的缺点,不能将更多人拉进来,也无法了解每位"上帝"的其他需求和反馈意见。平台与用户之间的互动比较少,交易完成后这条链可能就断了。用户多半是受价格因素驱使,一拍脑门就随了大溜儿,消费频率相对较低。

后来在经济发展中积累经验,也交了不少"学费",O2O才逐渐走向成熟,升级为服务性电商模式,包括商品或服务(创意)、下单、支付、评价等流程。

未来的世界,服务是最核心的竞争力,做好了服务,便赢得了绝佳商机。在新模式的推动和大量资本的催化下,简单的电商模块迅速适应了快节奏的生活需求,充分激发了服务行业的巨大潜力。可以送餐上门、送货上门、化妆上门、按摩上门,试穿衣服也可以上门进行服务。

在这个阶段,O2O的狂欢热潮加速了移动终端、移动支付、数据算法等环节的成熟。用户似潮水般涌来,有些购物网站出现注册IP井喷的现象,不得不扩张服务器。当然,与使用频率并肩的,还有忠诚度的上升。这要归功于大家喜欢追热门的习惯。总之,O2O正悄悄替代常规消费,成为人们日常生活中密不可分的一部分。

突如其来的繁荣不一定是顾客真实需求的体现。资本的大量补贴,产生了虚假购买力的泡沫。这其中肯定有不少人为贪便宜而买回一大堆无用的东西,那些花了冤枉钱的人开始反思、琢磨网上购物的性价比。

过半的网民基本上都有在淘宝之类的网店购物,收到货后却大失所望的经历。当然,买家可以在网上商城里对所买的产品进行评价,不满意也能退款,但其中的烦琐、折腾,实在让人蹙眉。大部分买家若不是对产品非常满意或极其厌恶,很少会做出具体的评价。因为太浪费时间,而且又缺少鼓励机制。许多网站在买家收货一定时间后有自动付款与默认好评的机制,不评价反而省事。

O2O在实践中的弊端也越来越明显。商家也开始明白,实现线上线下的合理对接,要做到有效融合才行。只是将产品卖出去,而线下服务和客户回馈做不到位,照样会影响进一步的销售,这就迫切需要另一种模式的出台。

OO 这一概念是优酷土豆集团的董事长兼 CEO 古永锵在斯坦福大学商学院 China 2.0 论坛上首次提出的。此模式更注重电子商务线上线下的融合,它可以充分做到线上引流与传播,并加强线下的营销和数据追踪,从而将优势整合。

通常线上的基础模式是先买单,到货后再体验。这种模式的退货率较高,尤其是较贵重的商品。而它的优势在于网站和产品繁多,选择丰富,而且价格相对便宜。线下店也有自己的优势,它们拥有消费者可以直接接触到的产品,消费者可以立刻试用,如果满意就能马上做出购买决策,除非质量有问题,一般退货率非常低,但最大的也是关键的缺点就是价格偏高。

OO 优势整合的目的是将线上线下的营销内容进行统筹规划,尽量让用户提前到实体店体验,使企业可以时刻与用户保持互动和密切接触,听到他们真正的需求心声。比如,苏宁电器的商家,允许用户在网上订购,去当地的苏宁提货,并支持货到付款。这样就大大提高了用户满意度,用户能更准确地了解产品的性能与服务,退货率自然也会下降。

如果说 O2O 打通了电子商务的一条链,那么 OO 就是用它的细节优势把这条链慢慢整合,组成一个稳定的环。

在这个由诚信串起来的闭合环中,企业用它自身的魅力、优质的产品、贴心的服务、积极的宣传、良心的价格及以往用户的真实体验等,牢牢地吸引消费者,使他们成为企业可持续发展的坚实后盾。

不是创造收入，而是创造顾客

　　大家都知道，在O2O模式盛行的短短几年间，其注册用户迅速爆棚，特别是与民生相关的各个网站。衣、食、住、行、玩，是我们在这个社会的生存之本，需求量大也很正常。

　　然而，O2O模式的发展真的如我们看上去的那么繁荣吗？未必。我们以某大型连锁超市的成长壮大为例分析一下，需求到底是怎么产生的。

　　甲投资开了一家超市，见了超市所需商品的供货商，他们都同意将手中的产品以一块钱的价格放在超市里卖，甲每卖出一件，就得向供货商结算一块钱。但是，为了提高超市的知名度，甲必须做促销加大打折力度，四处撒广告，让大家知道他这家店的东西是最便宜的。于是，他的货物以每件0.97元的价格出售，顾客被低价吸引，纷纷前来抢购，这便造成了销售量的激增。

　　大批的货被卖掉，入账和进货的资金在银行大量流通，看到此番情景，银行自然不能拒绝给超市贷款。甲拿着贷款又去各地频繁地开连锁超市，依旧延续着他那1块钱进货、0.97元卖出的做法。

　　有人可能会问，他明明卖一件货就亏3分钱，为什么还要不停地开超市呢？开得越多，卖货越多，亏得不就更多了吗？没错。但他亏得甘之如饴。

　　甲并不傻，他只是亏3分钱而已，赚到的却是更多。首先，他赚到了知名度。每天源源不断的人流量让超市看起来非常繁荣，中国的顾客喜欢扎堆儿,既然来了,很少有空着手离开的。隔三岔五的打折,维持一段时间的低价位,就等于稳住了客流量。

其次,银行或投资商看到现金流,便会给甲贷款、投资或融资。银行只见到甲把销售额存入银行,又拿出一部分去进货,存入的钱越来越多,很明显是在赢利,却看不见甲另一条现金流纯粹是在烧钱,每件货物要倒贴 3 分钱,卖得越多亏得越多。所以,甲这种非常有"钱途"的公司,获得贷款是相当容易的。投资商看到如此巨大的客流量与购买力,也会对甲产生兴趣。

再次,甲赢得了商家依赖。他卖出去的货越多,开的超市数量越多,向供货商们进的货也就越多。大批订单让甲成为供货商们最大的 VIP 客户,这就迫使供货商不停赶工,甚至有些人为了抢甲的订单,不惜放弃其他相对小一些的客户订单。时间一长,小批量客户渐渐流失,甲自然成了供货商们的主要客户。

而此时,甲向供应商提出一个要求:降价。以前卖给我 1 块钱,现在降到 0.75 元,你做不做?不做我找别人。我连锁店开了那么多家,需求量庞大,外面很多供货商哭着喊着想跟我做生意呢。供货商们咬咬牙算了下,几乎没有多少利润,可还是不得不接单。

就这样,甲仍然卖 0.97 元,可进货价变成 0.75 元,利润空间已经很大了。然后,甲再把这个成本利润表拿给投资商,投资商一看,这么低的进货价,接近四分之一的利润空间,钱投下去回报率肯定会很高。当然,投资商也许压根不知道甲烧钱的事儿,即使知道了,可是仍觉得与之前的烧钱相比,未来的发展更可观。甚至支持甲继续烧钱,于是甲不断扩大经营,接受更多投资与融资,把盘子做得更大,直到上市。

面包会有的,只不过现在正处于创业季,收入不是关键,金钱并不重要,重要的是要有客户。钱能解决的问题都不是问题,就怕有钱也买不来关注。

所以,从 2015 年下半年开始,李彦宏决定砸钱收买客户。他慷慨解囊,拿出 200 亿元用来支持旗下百度糯米的发展,就因百度糯米是一个连接本地生活服务的重要平台,在过去的一年中取得了高速发展。可是,若要百尺竿头更进一步就得用厚实的人民币来说话。

在未来的三年中,百度糯米将阶段性增加投入 200 亿元,加强平台建设,以便进一步扩展其用户,迅速扩充用户注册量和产品交易量,同时在完善商户生态建设的同时,提升用户体验,加强好感度,争取使百度糯米的业务份额在短期内实现突破性的增长。这种谁与争锋的架势,表明其不甘屈居生活服务市场第三的位置,计划赶超大众点评,奋起直追美团网。

不过令人兴奋的是,无论谁跟谁火拼,哪家在抢顾客,最终受益的还是消费者。那些砸钱买知名度的公司,到后来不管是否做得风生水起,CEO 们的烧钱行动都不曾白费,至少让千万用户得到了实惠。

有了粉丝，才会有经济

"粉丝"这个词大家都不陌生，微博、微信等很多网络工具中都可以加粉丝，几乎每位网友或多或少都有粉丝。只是，对于粉丝效应和粉丝经济你了解多少？你的粉丝为你创造经济价值了没？

"粉丝经济"的概念最早起源于美国，泛指架构在粉丝和被关注者关系上的经营性创收行为。当然，这些被关注者通常都是明星、偶像以及行业名人，知名度越高，其粉丝就越有经济价值。粉丝经济应用最典型的领域当属明星行业，尤其是一线国际明星，拥有的粉丝量相当大。由粉丝购买 CD、演唱会门票、电影票，甚至彩铃下载和卡拉 OK 点歌版税等带来的收入，都是非常可观的。

这些粉丝对偶像的迷恋简直是不计成本，偶像喜欢的任何产品，他们但凡有能力，哪怕花高价也要得到。

随着移动互联网在中国的崛起，电商营销模式迅速发展，决策者们的眼球开始从流量经济转向粉丝经济，对粉丝的维护成为商家的当务之急。

鉴于粉丝的忠诚度与高黏性，当下的电商商家应学会以粉丝为核心，努力打造忠诚的粉丝社群，这才是让产品畅销的王道。而如何让用户时不时地打开手机 APP 关注产品，则成为电商们绞尽脑汁想要完成的艰巨任务。

从 2016 年开始，越来越多的娱乐明星与电商签约，通过加盟来增强电商平台与粉丝之间的互动。明星的参与充分调动起粉丝们的积极性，也相应提高了年轻消费者的黏性。

2016 年 3 月 25 日,周杰伦在北京牵手唯品会,正式成为唯品会 CJO(首席惊喜官)。他化身宇航员,身着太空服从天而降,在发布会现场的确引起不小的惊喜与骚动。

2016 年 5 月,"国民老公"王思聪在分答平台以"网红、投资人、哲学家"标签开通账号后,开始回答问题。截至 6 月 12 日下午,他累计回答问题 32 个,总收入超过 25 万元。

2016 年年中"6·18"大促时,往年都不是很热衷的阿里巴巴,居然一反常态,积极启动首届"天猫 6·18 超级粉丝狂欢节"。显然,马老大已经嗅到粉丝经济将成为近年的风向标。在阿里的内部战略中,淘宝要打造网红经济,天猫则需重塑粉丝经济,两者相辅相成,共同进步。这也意味着天猫消费互动平台的小小变革,它要打造"IP－粉丝－品牌－消费者"的紧密联系、交流互动的新生态产业链条。

老牌电器商苏宁,在"6·18"期间也玩起了粉丝经济。它借助网络直播,邀请网红孔垂楠在苏宁慈云寺店与粉丝互动。仅 40 多分钟的直播,引发 4 万粉丝围观,15 万多人点赞。孔垂楠示范购买的美图 M6 手机,仅在短短三秒之内,就被粉丝通过苏宁易购移动端抢购一空,创造了此类手机史上最牛的销售纪录。

网络主播一般是靠刷礼物等方式来赚钱的。而斗鱼女主播在现场直播中推荐的联想手机 ZUK Z2,竟意外地实现了单日单品的销量冠军。

明星们拥有海量粉丝,受粉丝崇拜和重视,粉丝们因爱屋及乌而购买产品很正常。但网红们是如何凭借粉丝"吸金"的呢?

先来说说这些网络红人是如何走红的吧。无论是借助幕后团队操刀,还是自己一不小心就红了的网红,大概符合如下特点。

第一,能侃,颇具才情。像安妮"Q 版少女风格＋温馨故事"的漫画,也能有千万微博粉丝。

第二,颜值高,又有特别的才华。比如 2016 年中国第一网红"papi

酱",自诩为集美貌与才华于一身的女子,她一人分饰多角,表情夸张,拍出生动有趣的视频,专门吐槽日常生活趣事,很是搞笑,让人看着轻松又舒坦,怎么会少得了粉丝?

第三,背靠大树好乘凉。有一种专门针对网红的孵化公司,可以在化妆、形体、言语、肢体动作、自我营销等方面,给予网红们专业化的培训和包装。在助网红成名的同时,制定可行性盈利方案,使网红变成生财工具。

总之,要成为一个会赚钱的网红,你要么可爱多才,要么风格多变,满足网友的某种需求,赢得粉丝喜爱,他们才能乖乖掏钱。

百度数据显示,关注网红的大都是 25 岁以下的年轻人,其中有 7 成是女性。网红可以自己开店,也可以在朋友圈或微博等平台上打广告,为电商做宣传。尤其是预算少的商家,找网红代言是经济且有效的最佳选择。网红为商家站台,出演,做模特,靠粉丝经济带动购买力。

常规淘宝店铺的流程为"上新—平销—折扣",而网红店铺的流程却是"选款—粉丝互动、改款—上新、预售—平售—折扣"。其中,粉丝黏度差、变现能力弱的网红将会被淘汰。运作得好的网红则组织线下活动,时不时开个粉丝见面会或开展其他互动活动,以维护粉丝保有量。

不要妄想打价格战，而要打负价格战

举个简单的例子，两家超市之间竞争，谁的价格更低一些，谁的顾客就会相对多一些。可价格战打到最后，双方都亏了，获利最多的只有顾客与税收部门。当卖价持续低于进价的时候，总有一方会逐渐扛不住，亏不起，自动退出游戏。这场负价格战的胜出者，自然就成为垄断此地零售业的一方霸主，今后的市场便由他说了算。

同理，线上的火拼也是如此。互联网从最初的连接人与信息，一步步走到连接人与商品，再到今天的连接人与服务。O2O 企业更是一路披荆斩棘，步履飞快，有的成长壮大得飞快，可有的也转瞬即逝。

过去的几年里，我们也看到了各大团购网站烧钱大战是多么疯狂与惨烈。曾经的 24 券，是一家很牛气的电子商务网站，也是中国最早、规模最大的本地服务团购平台之一。它在短时间内迅速扩张到 200 多座城市。24 券全天 24 小时不间断提供最值、最新的同城时尚消费服务，其内容涉及吃喝玩乐各个领域。凭借"分享每天的幸福"和"体验至上"的宗旨赢得了大批消费者的心，甚至被评为"最具幸福感的团购网站"。

可幸福没维持多久，24 券就在千团大战中第一个倒下，于 2013 年 1 月 10 日正式关闭。

分享经济玩的是刺激，比的是胆量，拼的是钞票。要想加入这种烧钱的游戏，首先得摸摸自己心脏有没有问题，其次得看看手里钞票的厚度。因为在这场没有硝烟的战争中，你和对家打的不一定是价格战，多数时候是负价格战。

若在传统市场中,商家一块钱进货,除非存在质量问题或商品即将过期,绝对不会低于一块钱卖出去。因为要考虑到房租、水、电、运费等各项成本,商家不可能让自己赔本赚吆喝。

O2O公司却不同,为了留住客户,它可以不惜一而再、再而三地"放价"。谁卖的价钱低,谁就能更快地抓住顾客的购买欲,至于低到什么程度呢?无下限。什么一元抢购、摇一摇0元闪拍、付邮试用等,免费的午餐真的来了,你敢吃吗?

谁说有钱不是万能的,从团购、外卖,到租车、出游,再到金融、教育,放眼各个领域,哪一行不是在"拼烧饼"(拼钱、烧钱、并购)?分享经济让烧钱大战进入白热化阶段,无论是分享一辆私家车、一套房子,还是分享大众知识、教育资源,烧钱争霸都在"惨烈"进行。

打车是分享经济最先渗透,也是发展最快的领域。以快的和滴滴为例,两家公司都是在2012年前后成立。创业之初,由于没有资本参与,老大们拿着自己的钱小心翼翼、按部就班地进行市场推广,不敢求快,只求稳。

当有投资人看中它们,并逐步注入资金之后,在很短的时间内,无论是用户规模,还是司机与车辆的保有量都有了突飞猛进的增长。就如同盖摩天大楼,原计划三年完成,因钱多、人手足,夜以继日,只用一年就竣工了。

很不幸的是,快的和滴滴的相似性注定它们要抢用户,抢市场,抢先机。不久,两家公司便展开了补贴大战。滴滴回馈司机一分,快的就回馈二分。滴滴补贴用户10元,快的就补贴12元。你争我夺之间,这场负价格战越打越凶猛。硬碰硬的补贴让两家公司仅在一年内,就烧掉几十亿元资金,最多一天烧掉过4000万元。虽然最后快的仍被并购,却终是战斗到最后的强者。

如果快的在获得融资后,不采取对司机和用户进行补贴的方式,市场就压根没它多少份额，也等于直接向滴滴低头。经历一番洗牌似的大浪淘沙，那些没多少资金支持的公司还未来得及露头，就被淹没在商海里。资本的力量总是这般残忍，让公司烧钱烧到肉疼，但仍心甘情愿。

为什么烧钱还这么开心呢？

因为，每个新鲜事物的出现，都有它的时效性。比如滴滴打车软件，如果三五年内都没能发展起来，形成规模，很可能就会有其他软件在短时间内代替它。节约了时间就等于变相地提升了它本身的价值。花钱买时间，时间会回赠你更多的收益。

一家公司的发展速度左右着它的规模优势与估值空间，先发优势就是城墙，虽然可以被攻破，但对手也需要时间。多付出一些资本成本，相应就能减少时间成本，比对手早一步赢得先机，生的机会将成倍增长。竞争无处不在，做不到第一，又没别人钱多，在这拼速度的时代，凭什么打败竞争对手？

烧钱之所以受 O2O 公司青睐，是因为烧得越多就意味着融到的钱也越多。钱的多少也直接决定一个分享经济项目的估值。滴滴与快的合并后，新公司的估值超过 60 亿美元。之后的几轮融资下来，资本市场对滴滴的估值远远超过 200 亿美元。

君不见，全民皆用移动端

参加同学聚会，席间有个未满两岁的小朋友，吃完饭不停哭闹，忙活半天谁也没哄好。大家正不知所措时，小朋友的妈妈给了他一部手机，小朋友不哭了，乖乖抱着手机到一边看动画片去了。

下课的时候，几个幼儿园的"小萝卜头儿"，扎堆儿围着其中一个孩子大吵大嚷，老师以为是孩子们之间发生了矛盾，走过去一看，居然是在玩游戏。

刚读小学的少年，已经有了属于自己的智能手机。而中学生们拥有平板电脑的比比皆是。

大学生绝对是网购队伍里的主力军和领航人，甚至有不少大学生是分享经济中的创业人物。他们思想前卫，充满激情，容易接受新事物。

白领们在六亿多网民中，是最有购买力的一支队伍。不喜欢做饭，又想吃到美味而实惠的食物；懒得洗衣服，却想穿着光鲜，干净帅气；供车荷包紧张，可成天挤公交或搭地铁又嫌麻烦；买不起房子，却不愿意住鸽子笼或地下室。因此，白领更盼望低价，更钟爱分享。

中国大妈不再抢黄金，改抢一元秒杀的电商促销品。这何尝不是被分享经济带来的惊喜给刺激了？

综上种种，在分享经济的狂潮中，我们被卷入全民移动互联时代。随着智能手机的普及，手机应用功能越来越强大，丰富的 APP 软件走进人们的生活，几乎覆盖了吃、喝、玩、乐、衣、教、住、行等全方位、多层次的内容,庞大的信息量瞬间覆盖了人们的生活。

几年前,当360应用软件、大众点评、唱吧、墨迹天气、飞常准这五款APP软件的免费下载量出现井喷,就预示着全民APP的全新体验时代到来了。

有数据显示,截至2015年12月,中国网民规模达到6.88亿,占总人口的一半。与此同时,我国手机网民规模也达到了6.2亿,可见用手机上网的人并不比电脑网民少多少。而且,手机体积小,携带方便,Wi-Fi日渐普及,走到哪里网络信号就可以连到哪里,即使没有免费Wi-Fi可用,也还有数据流量。

人们用智能手机浏览网页、聊天、看节目、玩游戏,甚至谈生意、看文件、开视频会议……智能手机俨然是一个缩小版的手提电脑。

截至2015年年底,网上支付的用户规模达到4.16亿,比2014年年底增加了1.12亿。2015年,手机网上支付疯狂普及,用户从之前的1亿多迅速达到3.58亿。网络购物带动了网上支付的增长,以及与此相关的无数商机和就业机会。

前段时间去郊区玩,我站在路边眺望河对面的风景,一个小伙子骑着自行车朝我驶来,边骑边看手机。见他不看路,我只好再向边上躲了躲。结果,他还是连人带车直接撞了过来。所幸大家都无碍,扶起自行车后,我问他:"你这样不怕看坏眼睛吗?"他说:"习惯了。"

瞧一眼他手机上正在播放的视频"快乐大本营",我不由感叹,难怪芒果电视网站流量提升几十倍呢!也难怪其视频网站几乎每天都活跃着300万以上用户,都是这种边走边看的人的功劳啊!

各种手机应用软件极大地丰富着我们的生活,现在我们出行有滴滴之类的打车软件,吃饭有饿了么,购物有淘宝,旅游有携程,理财也有一堆可选应用。我们的手机早就不再只是最初接打电话的工具,反倒越来越像一个充满魔力的盒子,里面满满的都是分享经济的惊喜。

第三章

没有什么是不可以分享的

房屋分享，短租经济创造的双赢

可能大多数人都认为房屋分享的始祖是美国的 Airbnb 公司，其实不然，我们的祖辈也都非常热情好客。

古时有进京赶考、穷困潦倒的书生，盘缠用尽，不得不借宿在当地的乡亲家里。对于陌生人的忽然来访，善良的老百姓在了解情况后，非但没嫌弃书生穷酸，还会好好招待几天。若自己家庭条件允许，在书生临行前，主人还会备上干粮，并送些银两作为路费。当然，书生金榜题名时自不会忘了乡亲的知遇之恩，或以金钱或其他作为回报。

曾经中国的酒店业还不发达，住店难、住店贵的现象很普遍。人们出行的首选是住在亲戚或朋友家里，哪怕亲戚家的房子紧张，主人哪怕自己去睡沙发，也会将客人安排得妥妥当当。出于对主人的感激，直接给钱又怕对方拒绝，客人总会买些礼物作为答谢。

如上两种情况，何尝不是房屋分享经济的雏形呢？可惜，曾经的中国人商机意识太淡薄了，不好意思对自己的付出小小地收点费用。所以，才会让"沙发客""短租""房屋分享"等经济模式早早出现在外国人的字典里。

其实，Airbnb 的联合创始人乔·杰比亚产生分享自家房屋想法之前，曾经有过一段非常有趣的经历。

那会儿，乔刚刚认识一位昵称为杰克的网友，聊天时杰克谈起下周要去乔所在的旧金山度假，想找一家价格便宜的旅社。乔居所附近的旅行社的价格都无法让杰克满意，于是杰克玩笑说，干脆住在自己的车里好了，用节省下来的钱多去几个景点。乔随口讲了一句："如果你不嫌弃，可以暂住在我家的客厅。"结果，杰克居然马上同意了。

几天后的一个夜晚，身材魁梧、健壮的杰克开着他的红色马自达风一样地出现在乔面前。把杰克领进家门的那一刻，乔忽然就后悔了。他很担心这个陌生男人会是个逃犯，或者什么精神变态，万一半夜起来打晕自己来个谋财害命，然后把他塞进汽车后备厢里沉尸大海，那简直太可怕了。乔越想越毛骨悚然，悄悄爬起来，将自己卧室的门锁紧。幸运的是，杰克就是一名普通的旅行者，直到他离开，两人不仅相安无事，而且相处得很好。之后，他们还成了朋友。

从那时候起，乔就考虑是不是可以有一个平台，储存短租房主和房客的真实信息，这样双方都可以各求所需。

2007年，乔的同窗好友布莱恩·切斯基从洛杉矶的公司辞职，到旧金山发展。当时美国的经济并不怎么景气，两人商议着想自己创业。刚巧年度工业设计大会将要在旧金山举办，网络上有很多人说已经订不到酒店，他们觉得这是一次很好的赚取外快的机会。于是，两人不约而同地想到了将阁楼租出去。

乔简单描述了自己之前共享房屋交到一位新朋友的事，还提了自己对短租平台的一些想法，布莱恩非常认可。布莱恩也认为传统网站的分类广告有点不靠谱，客户不仅难以从海量信息中寻找自己需要的内容，还无法确认信息的真实性。

因此，他们自己动手创建了一个简易的网站，名为"气垫床和早餐"，把他们所住的环境、室内布置都拍了照片上传，并承诺能够为房客提供自制早餐。很快的，他们的房客陆续上门，每人每天80美元的房租虽然不多，却是两人创业初体验的胜利。而这个看似不起眼的简易网站便是Airbnb的前身。

2008 年，Airbnb 作为一个提供线上短租服务的平台正式成立。刚开始的两年，人们对 Airbnb 并不了解，乔把他们拍的房东和租客的爱情故事做成广告片在网上大量传播，大家都觉得十分新奇，却很少有人真正参与这一行业。

美国经济危机之后的一年多的时间里，各行各业日渐萧条，节约成为社会大主流，人们开始学着利用自己身边可利用的一切资源进行创收，分享房屋之类的分享经济理念才日益受到人们的重视。

Airbnb 的特点是，它帮助人们充分利用闲置房间，使其成为人们收入的一部分。这种分享形式既不同于传统的房屋租赁，也不是传统的酒店形式，是对现有法律、税收和社区管理等体系的一次挑战。而且，Airbnb 讲求"信任重建""个性化""人情味"，这种新商业模式在当时经济萧条的背景下一经宣传，很快便深入人心，影响千家万户，并使更多的人受益。

2014 年，Airbnb 终于发现中国市场是块大大的肥肉，开始尝试进驻中国。中国旅游研究院的统计显示，仅 2015 年，就有一亿多名中国游客走出国门。Airbnb 的运营总监感叹：就算其中只有 1/10 是房屋分享的客户，也是一个巨大的升值空间呀！

据 2016 年 5 月 17 日 FT 中文网报道，目前，Airbnb 汇集了来自 191 个国家、34000 座城市的 200 万套房源，估值超过 200 亿美元。迄今为止，中国人在海外旅游时使用 Airbnb 寻找住处的已有将近 300 万人。

但更让 Airbnb 始料不及的是，中国公司在房屋分享的短租市场上的扩张速度也是惊人的，而且他们手段高明，花样繁多，还不局限于出境旅游。

自 2011 年以来，中国的房屋分享经济市场平台如雨后春笋般平地冒出来，相对比较大一点的平台有"游天下""蚂蚁短租""途家""爱日租""住百家"等数十家。

分享经济可以这样玩

2012 年 8 月,"小猪短租"作为中国第一家较为正规的创业型短租平台正式上线。它效仿 Airbnb 模式,打造出房屋分享经济的新天地,成为闲置房源和短租客之间一座友谊的桥梁,在"信任重建、资源高效使用"的口号声中,创造出短租经济的双赢新格局。

出行分享，打破供需之间的不平衡

据统计，截至 2015 年 6 月，我国汽车的保有量突破 1.63 亿辆，这个数值仅次于美国，稳居全球第二。也就是说，我国平均每八个人就拥有一辆汽车，如此浩瀚的队伍行驶在城市里，不堵才怪呢。可还有 7/8 的人没车，他们出行要怎么办？

亲爱的读者，您现在出行是路边打车，自己开车，还是使用打车软件约车呢？

显然，路边打车的话会很浪费时间，尤其在上下班的高峰期，或者天气恶劣的情况下，打车非常难。有人就想，倘若拨个电话或动动手指，手机就能立刻为自己招来一辆车该多好。

自己开车方便许多，只不过私家车有各种维护费用，并非所有的工薪阶层都能承受得起。即使可以承受，那每年增加这么多开销到底值不值得？让我们来算一算拥有一辆私家车的成本吧。

假如您买一辆 10 万元左右的新车，预计使用 10 年。每年的全险费用 4000～5000 元，每年保养两次，共计 1000 元左右，还有平时的油费。10 年内，就算剐蹭、撞车损失不计算，检车费用不计算，汽车修理费也忽略不计，您的爱车在一公里都不开的情况下，每年至少已经花掉 15000 元。

如果您买的是一辆 100 万元左右的汽车呢？每年平均分摊的费用起码要翻 10 倍。另外，开车比上班都累，特别是当您遇到堵车的时候，那叫一个心烦气躁,要不怎么会有"路怒症"呢?

其实,一些人买车并不只是为了出行方便,恐怕还有不少面子的成分在里头。花钱买面子或许是不少国人的虚荣心理,但市场经济更需要理智消费。

有些90后选择有钱先买房而不是养车。房是不动产,可以住一辈子,而车是动产、纯消耗品,买到手就开始贬值。因此,他们更喜欢分享用车,滴滴之类的打车软件便成为当下年轻人的大爱。

2010年9月,"易到用车"上线,终于满足了国内那些想动动手指就能招来汽车的人们的需求。这是一家总部位于北京的公司,也是国内第一家提供专乘约租车服务的公司。

"易到用车"的模式脱胎于2009年在美国旧金山创立的"优步","优步"主做交通网络,以移动应用程序连接乘客和司机,借助相关软件提供租车及实时共乘服务。但"易到用车"又有着自己的特色。它主要是将闲散在很多中小租赁公司的高端车聚集起来,使之成为自己的资源,让这些车能够通过"易到用车"的平台获得额外的收入,而用户可以随时发出订车的需求,距离最近的车辆收到消息后,即会来接送用户。

"易到用车"上市以后迅速成长与扩张,让业界都看到了中国对于出行分享市场需求的巨大。从2011年年底到2012年年初,大概有30多款打车软件在各大应用平台出现。有"滴滴打车""快的打车""摇摇招车""打车小秘"等等,资本的不断涌入也让这些软件在那个时期拿到了自己的第一笔资金。

大部分的打车软件,都具备乘客注册、即时约车、出行完成确认、用车评价等功能。预约功能,就像订机票、车票一样,可以提前预约打车服务。这项功能很新颖,为那些习惯做好旅游和出差计划的人提供了极大的方便。

拼车服务的价格最高则可降低40%,可以使去往同一方向的两名乘客拼车。如果乘客有此意愿,系统会向先打车的乘客通报第二名乘客的名字。就算路途中找不到拼车乘客,打车软件也会给乘客相应打折。

其中,"滴滴打车"和"快的打车"在经过漫长的补贴之战后,以两家合并的方式结束硝烟。而"滴滴出行"也成为现在人们最为熟知的打车软件,涵盖出租车、专车、快车、顺风车、代驾及大巴等多项出行业务领域。借助庞大的车流量及不断增长的用户群体,滴滴出行倾力打造了一个全方位的服务平台,将分享范围无限扩大,在高效、交换、共赢的基础上,进一步实现利润最大化。

在让乘客和司机感受到出行分享的便利之外,出行分享平台也在不断 PK,在两年半到三年的时间内,滴滴相继 PK 掉了 30 多位对手,而在它与快的合并后,也成为中国出行分享领域的"独角兽",截至 2016 年 8 月,滴滴的估值已经达到了 270～280 亿美元。

出行分享虽然有很多好处,然而,它同样存在不足。2014 年,印度一位年轻女子深夜有急事出门,她用优步手机应用软件预订了一辆汽车,结果行驶到半途被司机强奸。此事一出,全世界都开始对优步软件叫车服务提出质疑:我们上陌生人的车,真的安全吗?

吃一堑,长一智。与优步相似的汽车分享平台都开始着手实名认证,强制出租车辆安装 GPS 全球定位系统,甚至有些公司针对夜间行车的车辆会发出不定时呼叫,以确保乘客安全无忧地到达目的地。

金融分享，用资金连接供求双方

何谓金融分享？就是通过在信息与网络大数据支持下的技术手段，推动金融产品与制度创新，构建以资源共享、要素共享、利益共享为特征的金融模式，努力实现金融资源更加有效、公平的配置。在保障金融消费者权益的同时，促使金融业均衡发展，以便有效实现协调、开放、创新与共享的格局。

金融分享不但涵盖有效支持共享经济发展的新金融模式，同时也包括金融自身的可持续、均衡、多方共赢式的发展。

共享金融的前身是互联网金融、P2P等中介金融，当这些中介金融发展到一定程度和规模之后，它们需要一个华丽的转型，那就是分享金融。

在市场中，中小型企业有项目，但是由于其规模太小，无法做大额抵押贷款。这样银行的钱就不能借贷给企业充分利用，并流动生息。而那些迫切渴望得到活跃资金的中小企业，手中的项目因为长时间得不到好的开发与拓展，而最终过气，一文不值。如此模式，绝对会导致资源极大的浪费。

而针对这种大量存在的资金需求，很应景地出现了P2P借贷、产品众筹、股权众筹等分享金融形式。分享金融的平台可以把闲散资金聚集起来，借贷给有需要的中小微企业，助其发展壮大，再与小股民们共同分享返利，基本上可以说是三赢的局面。

我国的经济从邓小平同志在南海边画圈儿开始，就开始不断地高速扩张。我们以低价位、高生产力的劳动力优势,深刻影响着国内外的市场,但因为产业结构不合理,管理体制落后,产能过剩,供大于求,实体经济不断被边缘化。美国金融危机的爆发,直接影响到国内外实体经济企业的融资问题。银行要求企业先把坏账、烂账清查了,再来贷款。投资商也是要反复推敲投资回报率,做很多次评估才敢接盘。

中国金融业走到今天,实体经济做出了不可磨灭的贡献,但随着人工费用越来越贵,劳动力值钱了,产品价格上涨幅度却不能太大。为什么?产品太贵买的人就会变少,导致需求下降,替代产品出现,企业更赚不到钱。只有发展共享金融,恰到好处地推动传统金融改革,让企业家们转变长期以来的传统金融机构观念,接受新的发展理念,才能从根本上解决实体经济融资难、成长慢等问题。

2016年6月5日,中国人民银行金融研究所所长姚余栋,在"2016青岛中国财富论坛"上发言称:"从电话金融到电子金融,再到互联网金融,金融的技术性表达盛行,而现在已经出现、未来即将形成巨大冲突的是区块链金融。预计两到三年后,区块链会形成较为成熟可被接受的智能合约而广泛应用。"

从中介金融到共享金融是必经之路,但也需要一个过程。姚余栋认为:我们周边的中介金融具有强大扩大资产负债表的驱动,且不可避免地存在道德风险,以金融危机为例,就是实体经济的风险先集中在银行,再集中到金融体系。风险集中爆发处理起来十分困难,买单就成为大问题。而共享金融本质是一种直接融资,有利于帮助经济分散前沿创新风险,并作为"鲶鱼"[1]带动传统金融或者中介金融为客户提供更加好的服务,包括大数据的使用等。

金融分享需要理智做链条,一头串起融资企业,另一头串起客户端。共享资金,共享收益,共担风险。当然,对于分享金融监管体系,还缺少特

---

① 鲶鱼效应:采取一种手段或措施,刺激一些企业活跃起来投入市场中积极参与竞争。

别明确的指导性政策,这依然有待进一步建设和完善。

曾经有一位老总想搞融资,他的属下研发出一套不错的生产系统,但自己又没有能力去完成。于是,他通过融资平台请来几位实力雄厚的大佬谈合作。其中一位姓顾的"大佬"告诉他:"这个项目不错,我打算用50亿元买下来,亲自操作。"

老总一听,这是要把自己从总裁的位置上赶下来呀!那怎么行,公司卖给对方,自己只占有部分股份,连发言权都没有了。他坚决不干,于是谈判失败。

半年后,虽然这位老总也融到一些小股资金,但公司运作还是逐渐进入了僵局。无奈之下,他再次把顾"大佬"请上谈判桌。老总单刀直入地说:"我决定了,50亿元把公司卖给你。"顾大佬却摇摇头:"不,不,不,现在你的公司只值五亿元。"

老总急了。在这半年时间里,他明明又投入了不少钱搞市场、做研发,怎么会付出越多公司反而越不值钱了呢?顾"大佬"告诉他:"你失去了最佳的商机,这段时间已有不少同类产品投入研发,五亿元投下去,能不能有回报还是未知数。"老总终是咬牙把公司卖了。果然,第二年那家公司估价连一亿元都不到。那么好的项目就输给了时间。

其实,如果老总有先见之明,刚开始就接受50亿元的投资,卖掉项目,再拿出一部分钱回购自己公司的股份,只做个董事或公司的高层管理者,公司的大方向全权交给投资方的团队去完成,结局可能就完全不同了。这便是分享与独断的区别,可见金融分享何其重要。

信息技术化使相关企业迎来了"互联网+"热潮,共享经济的蓬勃发展让分享金融越来越受到社会关注。特别是"十三五"之后,政府将互联网金融的核心理念定位在"共享与普惠",鼓励银行结合互联网金融优势,打造共享经济新模式。

"互联网+"金融在网络高科技的催生下,实现了使用权的交换与共享,大幅降低了交易成本,提高了融资成功率。这不仅是分享金融带给企业之福,也是经济大形势所趋。

以普惠金融为例,它是一个能有效地为社会所有阶层和群体提供服务的金融体系。联合国给普惠金融的定义是:以可负担的成本,为所有社会主体提供相对平等的金融服务,特别是长期以来在传统金融中被忽视的欠发达地区和低收入人群。

我国国务院于 2016 年印发的《推进普惠金融发展规划(2016—2020年)》中强调:"发挥网络借贷平台融资便捷、对象广泛的特点,引导其缓解小微企业、农户和各类低收入人群的融资难问题,发挥股权众筹融资平台对大众创业、万众创新的支持作用。发挥网络金融产品销售平台门槛低、变现快的特点,满足各消费群体多层次的投资理财需求。"

分享经济下,P2P 借贷、股权众筹等金融平台的出现,使互联网金融创新为实体经济提供了多样化、全方位的金融服务,不仅有利于加快社会主义建设步伐,更有利于拓宽投融资渠道。据不完全统计,2015 年,我国P2P 网络贷款规模达到 9000 亿元,堪称世界之最。

用分享经济化解房地产库存

2015 年年底,中国房地产业的沉淀房大约有 2.2 亿套,始终空置的房子近 5000 万套,距今已经累积了七亿平方米的地产库存。按照目前的销售速度来看,要想全部销售完这些库存,至少还需要八九年时间。

然而,在这八九年中,谁能保证中国的市场上不再出现新的房地产沉淀? 肯定不能。因为房子几乎月月建,库存自然年年增。由此可见,房地产库存还真是一个大问题。

还好分享经济下有以租代售的模式,卖不出去的房子可以用来出租,这样就等于打开了新思路,为化解房地产库存提供了不一样的解决方案。

租客们再也不用对着看中却又买不起的高档小区或新房子望洋兴叹了。因为长租公寓、线上短租平台、创客空间出现了,这势必会将空旷的闲置房间全部利用起来,可以充分盘活市场存量,利用和改造更多的空闲房产资源,逐步满足客户的多元化需求。

2015 年 11 月,出租公寓首次被写进国务院政策文件中。11 月 22 日,国务院发布《关于加快发展生活性服务业促进消费结构升级的指导意见》,其中提到,要积极发展包括长、短租公寓,客栈民宿,家庭旅社等在内的,能够满足群众消费需求的细分业态。

有报告显示,中国近亿套存量房中大约有三成流向租赁市场,但一线城市仍然有相当多的闲置房源未列入出租范畴。多半原因是这些房子价格过高,或者根本就是"皇帝的女儿不愁嫁""富翁家里的私藏,压根儿没打算卖"。也有些是做投资用,可以卖得出去,但就为坐等升值,始终在手里攥着。

暂时买不起房的中国漂一族青年,住出租屋成了他们的不二之选,仅这些人的租房市场规模已有近 8000 亿元。而每年的外出打工潮,以及新增的应届毕业生,使租房规模至少新增 600 亿元。如此庞大的数字,预示着租房市场的无限潜力。

从供给、生产端入手,通过解放生产力、提升竞争力促进经济发展的"供给侧改革"成为热词后,大家都开始努力寻求经济增长的新思路。刚好,面向青年群体租赁需求的长租公寓入了业界大亨们的法眼,成为资本和开发商争相抢夺的新蛋糕。

只不过,为适应低房租、高利用率的市场需要,大多长租公寓集中在工业用地的厂房,或是集体用地的民房。这些房产都必须先整体租下来,拿批文改变物业性质,然后才可以改建并转租。此种形式自然不如廉价出租房地产业的库存房来得简单、方便、快捷。抑或者,开发商直接打造小户型出租项目,如万科位于厦门和广州的"被窝公寓",以及之前推出的万套长租公寓。

于 2010 年成立的"魔方公寓"已在中国公共租赁领域发展了多年,有相对成熟的网络平台、稳固的地产商资源和不断增长的客户群体。魔方公寓的项目遍布北上广等全国十几个大中型城市。另外还有"YOU＋国际青年公寓""优客逸家""蘑菇公寓""小螺趣租""青客公寓"等。越多企业争着分吃出租房这块蛋糕,越足以说明蛋糕的美味。

分享经济就是通过互联网的社会化平台,将社会上闲置的库存进行资源整合,转变成新供给。"途家网"在这一点上就做得很细致,且服务到位。它借助分享经济平台与开发商合作,在用户与房源之间搭起一座万能的桥。途家网的业务员批量签约各地产公司的销售库存房源,并进一步提供增值服务,在尽量满足租户需求的同时,促成了有管家、带租约和可交换的房产出售。从某种程度上说,"途家网"无形地为开发商打了活广告。

另一方面,"途家网"通过分享经济平台发展以租代售模式,纵然不能马上削减房地产库存,却可以把它们充分利用起来,让空房子变成可流动的白花花的银子。这种模式,左手牵着开发商和业主,右手拉住消费者(租客),在满足用户各类租房需求之余,最大化地利用手中资源,彻底盘活了长期闲置的房地产库存。

然而,若想仅依靠个人租房来消化房地产库存还远远不够。那些市中心的高价房,商住小区里的高档建筑,并非人人租得起。何况,还有不少的写字楼和商场空闲着。因此,市场迫切呼唤极其有魅力的"联合办公"形式。

WeWork 是联合办公租赁空间的运营商,从 2011 年 4 月开始,为纽约市的创业人士提供服务,算得上美国火爆的办公场所租赁公司。它在全球有 54 个共享办公场所,美国各州的繁华大都市自不必说,就连英国的伦敦和荷兰的阿姆斯特丹,以及以色列特拉维夫区的荷兹利亚都有 WeWork 的分部。其客户既有大型企业,也有初创业者,甚至个人。用户可以以 45 美元的起步价,获得一张办公桌一天的使用权。

2016 年 3 月,在国务院《关于发展众创空间推进大众创新创业的指导意见》中,首次提出了"众创空间"的概念。

在中国现有的七亿多平方米房产库存里,其中两亿到三亿平方米是写字楼和商场。而这部分库存和每年的消化量之比勉强达到 1∶1,与此同时,每年还有三亿多平方米写字楼和商场在陆续竣工,这些房地产的剩余部分要如何消化,将来必定是件让人头疼的事。

其实,"众创空间"的理念可以与"联合办公"很默契地结合在一起。例如,万科集团前副总裁毛大庆创办的"优客工场",就是瞄准了大众创新趋势,通过市场化机制、专业化服务和资本化途径构建低成本、便利化、全要素、开放式的新型创业服务平台。恰如其分地释放空间资产的价值,从而盘活存量商业,自己也聪明地当了一回"二房东"。

　　"优客工场"是通过网络平台与拥有存量物业的业主方合作,有针对性地选择那些基础设施良好、配套服务健全的存量物业资产,再通过后期的合理改造,为初级或中级阶段的创业者们提供价格适宜且品质优良的联合办公空间。

　　"众创空间"的概念一经提出,联合办公的商业模式更加野蛮生长起来。它可以很好地满足自由职业者和其他中小型公司,特别是小微企业对办公场所的租赁需求,还能在分享经济中分到一杯羹。何况,在谋取利益的同时,顺便给房地产减减压,一石三鸟的好事,何乐而不为呢!

　　因此,随着"优客工场"、SOHO 3Q 之类共享办公空间的诞生,联合办公已成为一种新的去房地产库存的方式。

岗位消失，身份崛起

机器人的研发及其在各个领域中的逐步使用,预示着第四次工业革命即将到来,并将在未来时间,以不可思议的速度改变商业模式和劳动力市场。

世界经济论坛创始人兼执行主席克劳斯·施瓦布曾发表文章称:与前三次工业革命不同,第四次工业革命在速度、广度和深度上都独具特点。第四次工业革命,以指数而不是线性速度发展,而且几乎冲击所有国家的每一个工业部门。这些变化的广度和深度预示着生产、管理、治理体系的彻底转变。

第四次工业革命以一系列的高科技进步为代表,像大数据、新能源、移动互联网和云技术、机器人及人工智能技术等。

据预测,新一轮工业革命将创造 210 万个新的工作岗位,主要包括计算机工程、数学等领域。与此同时,也有将近 710 万个工作岗位面临消失,这也意味着 700 多万人可能会失业。而在失业人群中,技术含量较低的工种将最先被淘汰,比如生产线工人、保安、清洁工、出租车司机、收银员、酒店客房服务员等。

现在一些大型企业已经在生产线上启用智能机器人作业,待人工智能技术进一步完善和普及化之后,浩浩荡荡的工人大军终将被机器人取代。未来,保护一方安全的有可能不再是保安和警察,而是安保智能机器人。清洁工作就更简单了,几个按钮立马搞定。至于出租车司机,目前有些汽车上已经自带了无人驾驶功能。也许几年后，当你开车到达机场，按一下"返程"键，汽车就能自己开回家里的车库。

当然，凡事都有其两面性。新工业革命会迫使不少人失业，可由它缔造出的分享经济，不仅创造了大量工作机会，还催生出许多临时的工作身份，让从业者不必朝九晚五地上班，而是可以更自由地支配时间，享受工作的乐趣。这些临时工作身份不同程度地颠覆了传统的就业模式。

伴随分享经济的普及，大量的临时性工作岗位出现。有些人将其作为兼职，而有的人则顺应时代潮流，彻底将自己变成自由职业者。他们通过众包、威客等平台活跃在互联网上。之后，又衍生出私人医生、私人大厨、私人外教等职业。

先来说说私人医生。当今的中国，看病难、看病贵，已经成为让老百姓最痛苦的事情之一，如果我们有可以信赖的私人医生就好了。哪里不舒服，于"医生在线"之类的网站咨询一下，跟医生聊聊症状，问下适合吃什么药，怎么做治疗恢复更快。得到私人医生的中肯建议之后，再去社区医院或门诊看病，会减掉不少麻烦。

倘若各方面条件允许，也可以把私人医生请到家里来。像三甲医院的主任、省中心医院的副院长、平时可能需要挂号排队的专家，只要能在网站上约到，都会亲自登门造访，为您检查身体，并给出令人满意的治疗方案。至于出诊费用，在网络平台上有明码标价，完全不必担心诚信问题。

就算是身体健康的情况下，我们也可以与自己的私人医生聊一聊如何养生，用什么方法避免一些常见的疾病。

再看私人大厨。人们工作了一天非常累，不想做饭，想叫外卖，却未必是自己喜欢的口味。去饭店吃吧，菜色是很丰富，可价格更高，而且还有可能不卫生。最好的办法就是能有个人专门为自己下厨，完全按照自己的品位来做。那简直就是懒人之福呀！

顺应市场需求，一批像"好厨师"这样的网站诞生了。只要注册成为会员,预约下单之后,大厨就会主动打电话和称联系,确认时间地址,沟通要做的菜系。由主人自己提供食材,星级大厨上门负责烹饪,菜色与荤素搭配由客户自己挑选,具体是喜甜,还是喜辣,每盘菜的分量多少,统统是主人家自己说了算。做完饭之后,厨师还会洗刷干净厨房和锅碗用具,将剩余垃圾随手带走,真可谓是服务周到,细心体贴。

一般情况下,几十块钱,做个四菜一汤,平常家庭就够吃了。若是来客人了,做个六菜一汤,或者八菜一汤,也就一百多块钱。请客人在家里吃,既能让客人享受宾至如归的宁静与安心,又能体会到主人家对自己的重视。一举两得,分外温馨。

私人管家也是如此,他们可以帮助主人管理财务甚至打理公司业务。有此方面需求的话,在网站私人订制一位管家,定期打理自己的生活与工作,能有效地提升生活质量。

私人教师、私人外教、私人顾问都是些可以一对一满足用户需求的人。他们有的借助网络平台出现在你的生活里,而有的则是直接采用电脑或手机视频的形式与用户交流或进行授课。这种方式价格实惠,又让用户在时间上能够自由支配,不耽误工作,时间也不受限制,特别受白领们的喜爱。

在分享经济下,自由职业者只要有能力,都可以通过各类平台从事兼职或外包服务。需求者在众多人员中筛选适合的个体,进行线上或线下的合作,短暂的劳务关系即告成立。

大数据和网络化推动了网上创业的急速发展,让大规模劳动力的业余化成为潮流。而这种临时劳务关系,很有可能成为未来新兴就业市场中的主流趋势。

分享经济时代,可以分享认知盈余,分享个人创意与才华,分享一切可以分享的东西。

可以预见，所有能分享的都将被分享

分享经济为服务业增长提供了新便利，它通过互联网社会化平台，将原本闲置的库存资源重新整合，微调结构，变成新供给，以分享的形式推向社会，如个人的房屋、车辆、资金和知识、经验技能等。所有能分享的，皆可拿来。

在网络平台展示这些资源，通过运营宣传手段迅速增加用户注册数量，于是看到这些闲置资源的人与日俱增，就可以在全社会范围内实现大规模地供需匹配。其交易量越大，交易成本就越低。

分享经济对于供给和消费两方面都具有明显的激励作用。在供给方看来，分享经济可以增加自己的个人收入，等于凭空多出来一份兼职的工作；而在消费者看来，分享经济的产品经济实惠，有助于自己节约开支，又给自己带来了便利。

分享经济从某种程度上促进了供需信息匹配，有效地挖掘和扩大了社会消费需求的总规模，为拉动国民经济增长做出了不可小觑的贡献。

据国家统计局资料显示，截至 2015 年年底，"首堵"北京有 2000 多万人口，私家车保有量 540 万辆，出租车却只有六万多辆，这就是为什么滴滴、优步等平台在短短两三年的时间里便拥有了巨大的用户群体。关键在于它们主导的分享模式释放了社会化运力，从根本上解决了民需。一方面，民众花很少的钱就能快速打到车；另一方面，数百万私家车利用空座位换来了经济利益。这种双赢的方式，有效地扩大了消费需求，自然能带动消费以数十倍的速度增长。

这几年,我国的分享经济逐渐步入多元化阶段。出行分享、房屋分享早已经司空见惯;私人护理、私人厨师也终将从一线城市扩张到二三线甚至四线城市;在线二手交易、私家餐饮、在线兼职打零工等新兴领域不断增加,衍生出企业端分享市场。新兴领域的发展与兴旺直接关乎我国未来经济的发展。相信不久之后,政府便会陆续出台一系列鼓励政策,分享经济未来的发展将大大提速。

分享经济之所以被大众喜爱,很大程度上是因为它改变了传统的雇佣模式和就业模式。在这个平台上,你是分享者;而在另一个平台上,你是被分享者。人人都可以参与进来,只要简单注册,成为会员,就能依照自己的兴趣和技能,灵活选择适合的工作机会。不用依托企业,个人的能力与诚信,就是最好的品牌和口碑。只用在网络分享平台上动动手指,花费一点点时间,就能将闲置资源在全社会进行分享,并获得相应的收入。

国务院发展研究中心原副主任刘世锦在"新经济,新动能,共享交通专题研讨会"上,阐释了共享经济的前景。他说:"共享经济不是'免费经济',应该是'高效经济',是一种新的商业模式。出行共享通过移动互联网技术创新提高了闲置汽车的利用率,是经济的一种新机遇,共享经济对促进社会发展、改善民生及国家产业结构调整将带来巨大意义。然而,共享经济的意义不仅仅是'共享社会闲散资源',这只是大家对共享经济的片面的理解;共享经济还有一个重要的价值,就是通过互联网的技术手段,快速地连接供需两方,使得市场行为更加高效、便捷,从而形成一种新型资源和服务的交易模式。"

有了滴滴的成功,许多人跃跃欲试,想要打造新的奇迹。有人想,既然客运市场的汽车分享如此成功,那我们可不可以也继续开拓货运市场呢?

于是,某些先驱者开始了他们在货运行业的创新。他们采用类似滴滴的补贴方式,在自己建立的平台上整合货车司机信息,并试图将一些企业也拉进来。他们用移动互联网技术构建车货匹配的新型模式,希望以此打开货运交易的新篇章。

只不过,他们忽略了一点,那就是货运的需求方大多以企业为主,而企业出行跟个人不同。个人倘若在出行中发现安全隐患,可以机动解决。但是,当货物在途中遇到有不良企图的人,那绝对是肉包子打狗,一去不回头。

也正因为这样,企业宁愿运费高一点,也要派熟悉的货运公司,或者是相熟的司机。企业最希望的是运输公司管理和监督有序,并在运力成本合理的基础上,实现货物运输在途监控。自由匹配的共享模式缺乏有效监管,在货运领域根本行不通。企业不敢把大批货物交给陌生车辆,而是有选择地与连锁运输公司合作,自由匹配形同虚设。

这如同一个跷跷板,企业不玩了,只剩下大把的司机。一头沉,匹配自然是做不下去的。有些司机干脆下载安装 APP 走走形式,拿完补贴后又毫不犹豫地将其卸载。如此一来,非但不能带动这个行业的兴起,反而加速了它的灭亡。

长时间的运营惨淡,让那些原本兴致勃勃、尝到了点补贴甜头的司机们,也渐渐失去等待的耐心,很多从事车货匹配的创新公司就这样偃旗息鼓。

显然,货运共享的发展之路借鉴出行共享的模式是行不通的,它必须寻找一条更加适合自己的路。看来单纯的拿来主义是不行的,模仿照搬其他共享模式并不适合货运领域。货运的共享必须要顺应其行业特点,可以试着先从货运产业链的效率优化上着手,再慢慢以用户评价来培养企业对陌生司机的信任,这样才能逐步走出一条符合货运特点的共享之路。

第四章

打造你自己的鱼塘

让爆品引流

什么是爆品？就是网络畅销品。

不要一谈到爆品就是大特价、大优惠、大促销之类，那是减价大甩卖。或许还有网店上的秒爆品，但这些跟真正意义上的爆品是有区别的。

爆品可以在一定时期内，给店铺带来大量的新用户。而这种商品之所以不赚钱或者低于成本出售，并非劣质冲量或是为了消化库存。相反，它更多是新上市或回馈客户的产品。爆品能解决客流与现金流的问题，更能快速提升品牌竞争力。

爆品必须具备以下几个特点：有亮点、价格低、质量良好、是刚需、属于功能性项目且包装新颖，这样才能吸引消费者到店购买。

为何要打造爆品？又如何打造爆品呢？

很显然，身为一家电商企业，若没有一两样爆品，是无法在业界立于不败之地的。要拿自家最有力的尖刀产品去跟其他企业竞争，这样才会有胜算。

企业老板没有哪位不对自家产品充满信心的，但光有信心还远远不够，即使商家自己把产品夸得天花乱坠，消费者不买你的产品，就等于没有效果。商家们希望的是尽快将库存清空，让新产品迅速占领市场。可理想很丰满、现实太骨感的情况比比皆是。该怎样打造爆品呢？

当今是互联网时代，但信息量太大，大家没有时间也没有精力去挨个看新闻，看故事，看广告。买东西多数情况是找品牌，搜口碑，查评价，再网购。也有些人是跟着名人的脚步走，或随大流。

目前，中国的核心网民主要是 80 后和 90 后，不可否认 70 后网民也有不少，只不过，他们的消费观念相对比较理智，而 80 后和 90 后这两个年代的人受网络影响较大。

所以，几乎所有牌子的化妆品都请了明星做代言，因为这样能吸引关注、增加客流量。有一点要说明一下，明星代言的产品未必是爆品，但日化产品领域里的爆品肯定是明星代言的产品。

爆品引流的最根本目的，自然是要通过线上线下的推广与宣传，在一定时期内给店铺带来大量的新用户。说直白点，就是刺激冲动消费。

广告中播放了一位明星受访的场景，镜头前她（他）拿的手机挺漂亮。你在网上搜了一下，是爆品，并且正在搞促销，买的人很多，自己感觉也不错，你很可能就直接下单订货了。其实你的手机或许才用了不到一年，真的有必要换吗？这就是所谓的爆品感召力刺激消费啊！

以前我们都强调质量有多么重要，买台电器恨不得用个十年八年才够本儿。而年轻人作为主流消费群体的现在呢？大部分东西不一定是用坏才丢掉，而是嫌弃其跟不上时代而被淘汰。由此可见，爆品时代客户的使用感受和体验才是关键。

企业在打造爆品的同时，还要在网上与客户交流沟通、加强互动，并且总结他们的体验与感受，进一步研究和改进自家的产品，使其更加个性化，从而更受欢迎。

此外，要为你的产品设计感性的广告词，以及让人看一眼就印象深刻的宣传包装。包装的图案要么唯美，要么生动有趣，要么够酷够炫，个性十足。总之，不走寻常路线就是初步胜利。再想深入探究，干脆找产品的目标人群开座谈会，在沟通交流的过程中听听他们对自家产品的看法和意见。

网上的产品我们摸不到，单凭宣传就能放心打开支付宝付款吗？当然还得看产品有没有"杀伤力"，而这个杀伤力的一个要素就是功能描述。

产品描述里的信息,是否足够让你感觉到它质量的好坏,以及与其他同等产品的区别。抑或者,此产品有什么更高科技的成果在里面。这些都是竞争中不可少的筹码,也是打造爆品的一些小窍门。

有人说,做爆品得敢于"出轨",敢于跨界,甚至要多听听局外人的观点。

企业通过爆品扩大用户需求,在较短的时间内将客流量做大,借引流增加复购人数,如此一来,庞大的客户群就成为你坚实的后盾,口碑效应应运而生。只有这样,企业才可以把供求关系做稳,把主客间情感做细。

泸州三叶草化妆品公司老板张海丰有段话说得很到位:"生意在人流,人流在商品,商品在个性。打造店内独特的商品核心力,关键是打造每一个零售店的爆品,从爆品到明星单品,吸引顾客进店。"要引爆市场,必须让渠道和消费者都参与进来。

白大夫是业内玩"爆品"比较早的一家日化公司。2013 年 7 月中旬,白大夫 398 爆品礼盒全新上市,在一个月里就创造出 20 万套的销售记录,不得不说是中国化妆品销售史上的奇迹。之后一段时间,各地代理商、加盟店几乎是把白大夫 398 爆品礼盒当成了自己的摇钱树,大批量客户源源而来,也带动了同品牌其他商品的销售。

社群模式

什么是社群呢？说白了，就是社会上的一群人，为了某个目的扎堆儿在一起组成的社交圈子。比如，你在 QQ 或微信上建一个群 1，里面的人都是你的同事；再建一个群 2，里面的人都是你的亲戚或朋友；再建一个群 3，里面的人全是你的客户……

随着互联网上社交软件的不断增多，各种朋友圈、社群之类也开始层出不穷。大家在圈子里晒幸福，晒生活，晒忧伤，晒落寞，不亦乐乎。让认识你的人悲伤着你的悲伤，快乐着你的快乐，纠结着你的纠结，也寂寞着你的寂寞。如果你的内心独白写得足够好，还可能会招来不少陌生的看客。说不定还会一不小心被广告商看上，成为他们产品的代言人。

分享经济登陆中国之后，社群的功能便不再仅仅是个人的展示，或朋友间的交流，而是演绎成一种商业形态。它通过一些社交软件或是应用，把一群有关联的人汇聚到一起。这些人有着共同的属性或爱好，比如都喜欢炒股、购物、赛车、养狗、种花等。他们彼此交流，互相分享信息，就在这不经意的分享当中，某些品牌的推广可能就已经完成了。

在炒股的社群里，有人推荐炒股软件，也有人分享投资公司；购物的社群管理员会上传促销信息；赛车的社群大都会讨论各类车辆的功能，改装用哪个牌子的部件最带劲儿；养狗和种花的社群，自然是聊聊狗粮的牌子，哪家宠物医院看病看得最好，哪里有宠物寄养服务，以及什么花草怎么侍弄更容易活等。

　　多数企业利用微信群或朋友圈做载体，把自家公司的产品或服务传播出去。还有的人直接在朋友圈里做代购生意，因为微信好友大多数都是熟人，你发了广告，如果有人感兴趣可能会向你咨询，做进一步了解，只要商品和价格合适，可能就会购买。毕竟大家都是朋友，有一定的信任度。

　　可是，一旦你出售的商品有质量问题，失去的可不单单是一个客户，更可能是一位朋友，甚至一帮朋友。产品不好，你在圈子里就失去了信用度，甚至会被朋友拉黑。所以，选择有质量保障的商品，维护好你的社群，才是根本。

　　许多购物平台上的商家嗅到社群的重要性，逐渐开始向社交软件上"迁移"。未来的经济模式，有可能会转变为社群经济。熟人分享、同城换购的方式，更直接、可信度更高，会逐渐受到消费者的喜爱。

　　企业该如何建立社群呢？借用两句经典的话："以求道的精神做产品，用求爱的方式做传播。"

　　流量红利时代已经过去，网站广告红利正被网红经济代替。电商企业，特别是规模不大的电商，必须寻找新的出路才能在未来竞争中占有一席之地。你要保证自己的产品有个性，有优势，还得学会传播，把商品推广出去。巷子里的酒就算再香，气味也飘不出来。还是赶紧想想办法，怎样让你的"酒"依托社群模式走红吧。

　　建立社群的前提是要有粉丝。最好能想尽各种办法吸引粉丝，让他们关注你的微博、微信、播客等平台，再建几个粉丝群，找几个名人做分享，这样，社群的粉丝量就会在最短时间内飙升。然后可以安排线上线下产品讲解活动，最好有品牌故事和企业文化分享内容。因为你的社群就算建立起来了，但是要保证正常的销售与宣传而不"掉粉"，就必须提高社群的亲和力，多多与粉丝互动，做到充分交流与沟通。

　　社群真有那么重要吗？确实是。首先，现在的许多年轻人都很"宅"，这类人是社群最铁杆的资源；其次，中国人有扎堆儿看热闹的习惯,产品宣传与推广在社群中更容易得到响应,冲动消费概率增加;再次,社群的"寄主"是网络,完全没有地理和时间限制,随时随地可以发布信息,十分方便且有利于扩大规模。由此可见,社群经济终究会变成经济发展的主导方向。

微商，微商

在分享经济的背景下，大家对"微商"这个名词应该不陌生，微商就是在微信、微博之类的社交平台上推销产品或服务的人。提到社交平台，人们理所当然觉得那是个交流感情的地方，在社交平台发广告很多时候会被直接无视，甚至招人讨厌。

因此，做微商发广告也要讲求技巧。大家在微信群里聊天，你平时极少跟人闲聊，只是某天冷不丁上线，贴一条广告，之后依旧像跟别人找不到共同话题似的沉默，却隔三岔五来贴广告。这样的微商能做好才奇怪了。

社交圈有多种性质，可能是孩子同学的家长群；可能是特长班的老师和同学群；也可能是同一个小区的业主群；等等。总之，社交圈里的人可能跟自己认识，彼此却又并不熟悉，甚至根本不认识，只是因为各种间接关系被拉到一个群里。而微商要打的正好就是感情牌，既然我们有着共同相熟的朋友，为何不也做个朋友呢！

终于知道同样是做微商，为什么有些人做得如鱼得水，而有些人却招人讨厌了吧。微商哪里是在卖产品啊，简直就是在卖面子、卖人情、卖服务、卖时间。这经营的根本就不是一桩买卖，分明是一场人生！只有建立良好的人际圈子，让消费者信任你，愿意掏腰包来买你的东西，才能做得好微商。

微商模式所覆盖的运营模式更加全面，不仅包含了直销模式，还集合着 B2C、B2B、O2O 等多种模式。它们各有各的优势，有时可以相互融合，扬长避短，使前期销售与售后服务达到更理想的衔接效果。

直销模式虽是传统销售概念，但便于在身边亲戚朋友的圈子里推广。如果时间和利润允许，选择微商宣传、直销送货上门的方法，会更受客户欢迎。如果做得好，客户也可以为你带来新的客户，甚至可以尝试客户对客户的销售模式。做微商可以因人而异，因销售模式而异。尽管微商行为发生于移动端的微平台，而交易的形式却是多样化的，具体如何促成交易，完全取决于客户或商家的意愿。

谈了半天，那如何做微商？要想在微平台吃得开，选择商品是关键。尽可能选自己感兴趣的、日常生活中用得到的商品。如果商家自己都不喜欢，别人又怎么愿意接受呢？

产品定下来后，再选择货源渠道。你给自己产品的定位是什么？走低价路线，还是选择性价比高、经济实惠、质量也还过得去的货品？抑或者做"高奢汇"生意，全部是名牌，没有廉价货，百分百真品，却比商场的打折力度强。上述几种，任选其中一个，都可成为你所经营的微商风格。

切记不要盲目跟风，看人家做什么发财，你就做什么。他们能成功，绝非偶然。如果你对该行业未进行深入了解，就一脑门子扎进去，肯定会亏得很惨。

微商属于小生意，不适合把摊子铺得太大，产品过杂反而没了亮点，倒不如做少而精的商品。如果你同时代理很多家的产品，像个杂货铺，不但朋友圈里的潜在客户看得眼花缭乱，搞不清楚哪个才是你用心去做的，就连你自己也会累，久而久之，便会力不从心。

微商培养客户，好似我们谈一场恋爱，感情要慢慢积累。所以要专一一点，树立真正专业的形象和固定的品牌意识。最好让客户在微平台一见到你的名字，就会联想到你的产品。如此一来，你的东西还发愁卖不出去吗？

另外，还要选择合适的上家，它直接决定着微商的成与败。再就是客源问题了，做微商一定要耐得住寂寞，放得下身段，慢慢培养顾客。

和粉丝们玩情怀

你知道美国社会心理学家斯坦利·米尔格兰姆提出的"六度空间"吗？它是打开陌生关系的一把金钥匙。"六度空间"理论又称作 Six Degrees of Separation（六度分隔），简单说，就是你和任何陌生人之间要相识，基本通过不超出六个人的引荐就够了。

20 世纪末，康奈尔大学的两名学者对"六度空间"做了进一步研究，他们通过构建社会网络的数学模式"小世界模型"拓宽思路，诠释了 60 多亿人如何靠着六条不同的人际关系链与别人相连，从而开辟了社会网络研究。同时，也证实了"六度空间"的存在与可操作性。

以我们上学为例子。假设你的小学、初中、高中、大学每班都是 60 人，那你直接认识的就有 240 人，还有些间接认识的，其他班、不同寝室或社团的同学，起码有 30 人。另外，你的亲属、朋友和同事，加起来少说也有 30 个。这样一算，在你的社交圈子里就有 300 个资源，即使其中只有一半是有效资源可以联系上，将其发展为自己的粉丝，那数量大概也有 150 位。

在你的 150 位粉丝中，每个人也都有他们自己的社交圈子，同样有属于他们各自的至少 150 位粉丝，可以借助网络的传播力，分享信息。如此下去，将会是怎样一张硕大的人际关系网？在这样的网中推广你的电商产品，还会发愁没有客源吗？

粉丝有了，但是如何保持他们对你的关注度，如何让粉丝数量不断增加,便成为你接下来要考虑的问题。

同样是做餐饮服务,为什么你开的"便宜坊"饭馆东西好吃、价格不贵,到最后还是关门大吉;而人家"8号苑"卖个麻辣烫都能门庭若市,还开了分店。有时候价格并非关键因素,顾客吃的未必就单单是食物,更可能是情怀。

到"8号苑"吃饭有许多规矩,只限80后,进门要答"到",吃饭叫"上课",结账要说"交学费",喊"服务员"没人理你,要叫"班长""大队长""中队长"……

"8号苑"以上学时教室的风格为主题,课桌改制的餐桌,中间挖个大洞放火锅,椅子更是标准的学生椅,还有搪瓷碗、大茶缸,这些都属于20世纪80年代的象征性物件,是那一代人最熟悉的餐具。那时候经济条件比较落后,家长都喜欢买这些不怕摔、不怕碰的东西给孩子用。

餐厅的屋顶也像教室一样干净明亮,采用光线很好的节能灯。四面墙内容更是精彩纷呈。正面是黑板墙,上面写有校规、测验题、课程安排及有关"8号苑"的花边趣事等,经常会让爱显摆的"同学"站讲台去说个笑话,即兴演绎个故事什么的。课程安排写的是餐馆营业时间与就餐预约时段。黑板顶部插了面小国旗,两侧放了教具和公告牌子。让人进门第一感觉就是——上课了。

若顾客吃饱喝足时间还有富余,那也别闲着。餐桌中间的过道上有女生小时候喜欢跳的格子,最后一排放着男生最爱玩的游戏机,下面的小柜里还藏着其他好东西。这些古董级别的玩具可是"校长"(老板)跑了不少地方才淘来的,独乐乐不如众乐乐,大家一起玩吧。

老板用这一招怀旧情怀,牢牢抓住了80后那颗忆童年的心。谁不曾年少过,那些沉睡在角落里的陈年记忆被扯了出来,在气氛的催动下,更加历历在目。钢筋水泥的城市太冷,奔忙不息的生活太累,人们的心被重重武装或包装,太久没有真心痛快地笑过。粉丝们蜂拥而来,只为唤醒纯真的童心。

看到此处你可能已经大概明白了,现代人更需要的是一种情怀。人们的脚步太快,得学会适当放松。

有位经营服装的女老板有写日记的习惯,微博盛行的时候,她把自己曾经的经历都以故事的形式写了进去。当年,她只是一个从大山里走出来的女孩子,只读过高中,19 岁时独自到了完全陌生的城市上海,多日后才找到一份工作,薪水很低,别人都说老板看她是外来妹欺负她。她却笑笑说:"我很感谢她的收留,不然我可能已经吃不上饭了。"

她记得每个曾经帮助过自己的人,将每一份感恩之情都播撒在网络空间里。因为故事很感人,她的微博粉丝越来越多,大家非常佩服她,为她的故事落泪,为她的胸襟竖起大拇指。因为关注她,粉丝们顺便关注了她创立不久的品牌网店,发现有许多东西都还不错,就纷纷下单购买,也有人直接到实体店去购买。

女老板的故事引起了大家的共鸣,甚至可以说拨动了不少打拼在外的游子的心弦,让他们想起了自己艰难的过往,产生出一种同病相怜的情怀。对于这样一位坚强又聪明的女老板,大家自然愿意光顾她的店,买她的东西。

掌控"刻奇"的力量

移动互联网井喷时代,智能手机代代更新,电商、微商平台一茬一茬猛往外冒。传统企业坐不住了,苏宁、万达相继挤进 O2O 领域,想在这场饕餮盛宴中分得一席之地。然而,流量是一个平台型企业的生命,没那么多的流量,你拿什么跟别人竞争?

如果说,百度连接了人与信息,阿里巴巴连接了人与商品,腾讯连接了人与人,那这三个连接当中不可或缺的是什么?对,是人,是用户。用户的访问量越大,意味着这个平台的流量也越大。无论是百度竞价排名,还是各大门户网站的定向广告之类,全部要依靠流量来完成金主们变现的目的。

中国从互联网普及到手机端"肆虐",用了十几年的时间,几亿人口的网络平台迁徙随之完成。大街上、公交车站或火车站、地铁里、餐桌上、KTV 包房里,那些或站着,或坐着,或走着,捧个手机恨不得忘了全世界的人无处不在。哪怕去个洗手间,也要在厕所里看个八卦头条,刷一下朋友圈,回个微信消息,或登录购物平台看有没有新品。人们有各自的朋友圈,关注着不同的新闻热点及公众账号,彻底打破了多年来的用户流量定式。现在,迫切需要一种模式,把打散的客户聚拢起来,打造一片属于商家自己的鱼塘。

显然,在分享经济的背景之下,常规的经营手段已经落伍。一个产品要想卖得好,往往要靠一些特殊方法吸引消费者的眼球。爆品引流、社群模式也算是不错的方法。如果在这不错中再加点新、奇、特，引入文艺青年独有的"刻奇"情怀，就更完美了。

刻奇，即 kitsch，这个词在中国又被译作"媚俗"，即讨好别人的意思。它最早出现在中国读者面前，是源于昆德拉《生命中不能承受之轻》一书。只不过，当它在国内流行之后，人们对它的翻译有了诸多争执。

昆德拉在《生命中不能承受之轻》中写道："媚俗所引起的感情是一种大众可以分享的东西……媚俗引起两种前后紧密相连的泪流。第一种眼泪说：看见孩子们在草地上奔跑，多好啊！第二种眼泪说：和所有的人类一起，被草地上奔跑的孩子们所感动，多好啊！第二种眼泪使媚俗更媚俗。"

谁骨子里没点文艺青年的小情怀呢？崇拜英雄，追求爱情，向往美好与浪漫，渴望未来会变得更加美好。在每个人探寻其自身存在意义的过程中，刻奇是不可避免的情感状态，不同的宗教、文化、修养，产生无数亚文化圈，这就是社群的意义。在亚文化圈与社群迅速扩张的同时，它们的价值主张便逐渐形成一种主流文化。借着取悦大众的独特的求同感，"刻奇"对社群营销的影响日渐深远。

青年作家蒋方舟说过，有了这些东西，人们才更能解释"为什么要活着"。而当我们把它代入日常生活，植入社群，由自我欣赏变成一种群体共鸣，我们就陷入了"刻奇"。

在新媒体运营中，要把握社群粉丝的心理学原理，运用"刻奇"，使品牌深入人心，让用户对其充满依赖，从而形成一个有黏性的社群或亚文化，借社会化媒体的力量，实现品牌裂变传播。众销模式下，要用产品价值与品牌文化打动消费者。以每个传播者为中心，让最忠诚的粉丝先去做传播推广，既要覆盖其独特的社交关系，又要提高品牌美誉度和知名度。

还有种营销方式叫作鱼塘理论。它把客户比喻成池中鱼，客户群扎堆的地方自然是鱼塘，而企业则据自身的营销目标，分析不同客户的喜好与特性,采用灵活多变的策略,成功地捕到更多的鱼。小米公司就是鱼塘玩法最娴熟有效的一个例子。小米把企业粉丝当成鱼,鱼塘便是培育粉丝黏性的阵地。这阵地,可以是 QQ 群,论坛,微信公众号,或者其他任何一个网络平台。只要能吸引新客户关注你,让老客户不离开你,那你的企业便是一池"活水","刻奇"着无限潜力。

解读:"罗辑思维"的粉丝理论

"罗辑思维"这档节目最早的定位是"替别人读书",罗振宇刚开始做这档节目时介绍的书有些还不错,很有阅读价值。可是,节目火了以后,前策划人申音提出了"魅力人格体"的概念,打算用主持人的个人魅力来吸引粉丝会员们的无条件供养。

在商业运作模式里,罗振宇为达到魅力人格,就必须先摆脱"书本知识搬运工"的角色定位,扮成"学院派罗胖",且演讲题材要明确表现出角色好恶。换句话说,要具备罗振宇的专有风格。

自从推崇了魅力人格,罗胖开始贩卖个人脱口秀跨年演讲项目,两天入账 4500 万元;有偿招募会员,几小时入账 160 万元;"贩卖"情怀的线下活动所得收入应该更多。

"罗辑思维"联合创始人兼 CEO 李天田接手节目之后,"罗辑思维"在流量变现的道路上,实现了从汽车换乘高铁的飞速发展。如何将众多粉丝资源变现,成为节目组想破脑袋要考虑的问题。除了收会员费,又不能额外给粉丝强加压力,就只能卖东西和开展培训课程了。于是,互联网思维决定了节目主导思想,节目题材也逐渐偏向自己卖的书。

凭着以输出内容吸引大量粉丝后,罗振宇"知识偶像"的形象算是塑造成功了。接下来的会员制和培训课程,还有没完没了的知识商品,便是典型的粉丝经济。

有网友对此评论:"爱读书的人不用你说,不爱读书的人你说了也爱不上。说书的变成卖书的,谁之过?老罗之过还是商业之过?"

到底是不是过,现在还真是难以定论。这让人想起一个故事,有位老妇在车站旁边卖水果,但她发现大家似乎出门前都自备了水、零食和水果,因而她的生意并不怎么好,倒是一天到晚来问路的人比买水果的客人多很多。于是,老妇决定在水果摊前放几张地图,很快地图就被抢购一空,连续几天后,老妇的主营业务就变为指路附带卖地图。

"罗辑思维"的运作与故事中的老妇有某些程度上的相似,罗振宇一夜之间从主持人的角色转换成了商人。他赤裸裸地告诉大家:挣钱光荣,你会因挣钱而伟大。他坦荡荡地打散了中国人内敛的中庸思想,高唱着人性逐利、欲望驱使的经济学凯歌,做了一回"唯物"价值观的启蒙者。

罗振宇最擅长的事,是把错综复杂的故事传达得流利有趣,以深入浅出的分析和简短巧妙的总结打动粉丝们的心。"罗辑思维"的基本套路就是:开场先讲个耳熟能详的故事,之后在论证中想办法颠覆其观点,从而树立自己的权威。

写出了《引爆点》等畅销书的马尔利姆·格拉德威尔提出过一个词:杂志智者(Journo Guru),指的是一群把社会文化、商业现象、独特思维和引人入胜的行文等素材进行收集,再融合为一套简化理论模式,然后结集出版的个人品牌的建立者。罗振宇走的就是这样的形象塑造路线。但是,如果少了粉丝的支持,他们就什么都不是。

粉丝社团在全球数量庞大,只不过,它们由不同的领袖管理着。比如,星爷(周星驰)的粉丝群、范冰冰的粉丝群、网红们的粉丝群、奢侈品牌的粉丝群等,这些粉丝间肯定有穿插和交集,加以利用便可以组成联系。如果有一天,哪个人可以将所有粉丝社团统一起来,那这个人将是最大的赢家,掌握着无限的人际资源。

这听起来好像挺可怕,但做起来只需要几个契机。先要了解粉丝群是由什么人组成的,他们是迷上一个人,一种产品,还是一类文化。从单纯的喜欢到痴迷,这追星的经历足以考验粉丝的忠诚度,这也就是企业需要的黏性。

"罗辑思维"的社群,是拥有十万成员的知识型社群,要怎么管理才能不掉粉,甚至让追随者越来越多呢?社群本身是去中心化的,或者说是有多个中心,成员之间的关系也是多对多的连接,要维系好是一门学问。此外,还要建立多维度的连接,匹配粉丝们各自的资源与需求,体现一定的社群价值。

"罗辑思维"的社群成员大多是爱知识、喜欢读书的人,也有拿"罗辑思维"来标榜自己博览群书的人,还有些是被洗脑后无条件喜欢这档节目的人。这些有着相似爱好的人聚在一起,就需要有些互动活动来维系他们的情感,如各种类型的演讲、各种各样的线上和线下活动、与粉丝互动、赠送礼品等。"罗辑思维"粉丝团与其他社群不同的是:过度抬高中心化人物罗振宇,引起有些盲目的个人崇拜。

从长远看,"罗辑思维"的运营模式值得肯定,但节目质量有待提高,粉丝的多维度连接还需要开发。这样火的一个栏目,关注点在于收取会费和卖东西,其实是极大的资源浪费。在微信和视频大爆炸的年代,拓宽思路,冲进高端市场才是王道。

第五章

现在是众销时间

再见，传统雇佣模式

1996 年以前，从中专到大学，只要属于正规学校毕业的学生，都是国家包分配工作的。无论是十七八岁，还是二十几岁的青年们，他们高高兴兴地拿着那张决定了未来命运的纸，去就业单位报到。捧住一份铁饭碗的工作，美滋滋像捡了宝似的，很多人一干就是一辈子。但当热情退却，几十年如一日地做着同样的工作，怎样保持积极性？

国家取消工作分配制度之后，大学院校统一招生，大学生、研究生逐年增多。当工作不再是长期的合约，雇员心中的不确定因素就会不断增多，从而促使自己寻找更好的落脚点，或跳槽，或创业。

分享经济的出现将风险从企业资产负债表转移到个人身上。以滴滴打车为例，注册的司机既是承包商，又是雇员，收入和运营风险都由司机个人承担。

不过，还是有很多人喜欢守着一份可得温饱的职业，安稳踏实地过日子。他们没有居安思危的意识，害怕环境改变自己无法适应。殊不知，怕是没有用的，就算自己不想变，可大环境在改变，不变就是落后，不肯改变的自己终将被时代淘汰。与其到那个时候被迫承认现实，不如积极主动去迎接挑战。

身为一个企业的领导，就更要有危机中"变而求胜"的意识。否则，如何带领手下的员工在分享经济大浪淘沙的环境下谋求一席之地呢？

传统企业最主要的毛病就是积极性问题，员工在同一家企业工作越久,越容易感觉前途渺茫。尤其在没有升职空间的时候,他们会认为这个企业在管理各方面存在问题,影响自己发展,通常会考虑跳槽。员工没有安全感,缺少归属感,是许多传统企业的通病。它们调动员工积极性的方法只有两种:第一,加工资;第二,升职。

但加薪也不是无限制的,每一个企业都有它的行业利润率。至于升职,也是有空间的。有没有考虑给他们一点企业的股份或利润分红?

当然这些分红要摆在明面上,与公司效益挂钩。如果你是企业的员工,忽然有一天发现,不仅自己卖产品有提成,同事小王卖了十件你也有少量分红,说明你们这个组的销售业绩被绑定了,是不是以后就不会与同事争客户,而是大家互相帮助、合力卖货了呢?另外,不光你们组的销售,公司其他任何部门只要创造赢利,全体员工也同样都会受益,那作为公司一员的你,会不会全力以赴地推销自家公司产品呢?当每位员工都成为公司的业务员,而且是不限时地自发工作,这家公司还发愁生意做不好吗?众人拾柴火焰高。如上所说的便是新经济环境下的"合伙人制度"。

在这样的公司里,员工已经不只是员工,雇佣者最大限度地做了权力让渡,让员工拥有充分的权力,管理也不再是以"管"为主,而是以"理"取胜,让员工自己管自己。企业发展壮大了,人人都有好处;公司上市了,老员工个个能得到股份。作为合伙人的员工们从而会更加卖力地工作,更热情地在自己的社群里宣传就职的公司,希望公司兴旺发达。

这几年,中国的电子商务快速崛起,并迅速占领快速消费品市场的大半壁江山。如沃尔玛这样的国际连锁超市都陆续传出有店面停业的消息,更不要说国内的一些中小型超市了。传统经济发展的大环境一下子恶劣起来了,传统的零售型企业该何去何从?

下面以永辉超市为例,谈谈中国本土企业的逆袭成功之路。看看在传统经济萧条的环境下,永辉超市是怎样扩张加速,让利润率不降反增的。

永辉超市的用人之道就是先调整好职工心态,让他们参与超市的管理和分红,培养真正的主人翁意识。永辉超市以果蔬起家,最了解轻拿轻放与顺手一丢的区别。永辉超市副总裁翁海辉说:"如果一线员工是一种'当一天和尚撞一天钟'的状态的话,在他们码放果蔬的时候就会出现'往那一丢''往那一砸'的现象,反正卖多少都和我没关系,超市损失多少果蔬更和我没有关系。在这种心态下,员工是不可能有企业主人翁意识的。必须改变传统雇佣模式,将员工的积极性调动起来。"

2013年,永辉超市首次引入了"合伙制"这一职场概念。决策层认为,每个员工都可以是企业的老板,尽管不出资,却也有资格管理和影响企业发展。超市为各个部门设定一个额度,只要部门收益达到这个额度,超出的部分由企业和员工一起进行收益分成。对于那些不太景气的店铺,干脆不设定销售额限制,直接采取分红机制。利润分红的比例也很灵活,完全根据销售情况与客户满意度来操作。

合伙制管理不仅激发了员工的工作热情,大大提升了业绩,客户满意度和员工幸福指数也有所提高。2014年,永辉超市实现净利润8.51亿元,同比增长18.05%。在同年度中国版财富500强榜单中,它以营收305.43亿元成为入榜31家超市之首。永辉超市在传统雇佣模式的转型方面做得非常漂亮,可以为之后的企业所借鉴。

传统的雇佣关系已经无法适应以人为本的新时代需求,新的商业制度下,新的劳动协作机制正在形成,其重要表现就是用"股份制"代替"雇佣"的协作方式。

徐步走来的第四次工业革命不但带来了大数据、智能化,也改变了人们的生活方式和工作态度。大家对工作的认识已经改变,特别是年轻人,早已不再停留在靠工资吃饭、养活自己和家人的层次上。他们需要成就感,需要被尊重,更需要有发展空间的工作环境。

股份制可以使员工充分发挥、主观能动性,在社会多元化的文化潮流中心系企业,为公司创造出更多利润。

有众销，无中介

曾经有一位朋友是做实体门店的，他非常痛苦地向我讲述自己一路追着经济形势跑却被甩下的经历，万分感慨市场的瞬息百变。

朋友的实体品牌店刚开张的前两年生意还不错，客户相对稳定。可是第三年他发现看的人多了，真正掏腰包买的人却少了。很多人看完了，试穿之后，出门就去网上订购，因为网上比实体店便宜。有位客户居然很不给面子地坐在店里便直接在网上下订单，朋友看到后很受冲击，他想，既然实体越来越难做，干脆自己也当电商得了。

电商当了没多久，客户群刚刚建立起来，为促销而做的亏本大甩卖还没回本儿呢，微商的春天又匆匆而至。朋友圈、微信群，夹带着各式各样的微商产品，都像雨后的蘑菇似的冒出来一大片。朋友琢磨着，要不要自己也试试分销呢？就在他犹豫的时候，众销模式又开始了。

于是朋友又在考虑：在奔跑的市场中，我们应该怎么玩儿才不被它甩下？一步步跟紧市场的步伐固然重要，却不能在寻觅中丢了自己。认清自身的优势，根据情况果断出击，才是最明智之举。

咱们先来看看什么是众销模式。众销模式即依托移动互联网，在手机平台上，依靠"微商城＋消费返佣＋全球分红＋积分考核＋福利激励"而形成的一个良性的综合电商模式闭环。它的理念是人人既是消费者，也可以是销售商。每一个普通人皆可买产品，亦可卖产品，并从中得到利益，既而实现创富的梦想。另外，消费者也能参与商业利润分配，可以算是此类产品的消费商。消费商理念一出,彻底改变了传统的消费关系。

微商城说白了就是微信商城,是无论众销或是分销都要依仗的销售平台,它是由腾讯微信公众平台推出的一款基于移动互联网的商城应用服务产品。自从微信走进人们的生活后,其覆盖之广令人咋舌,几乎所有有手机的人都会玩微信。

微信热所带来的一个结果就是,它可以演变成商业交易平台。用户或消费者登陆微信不但能寻找附近的人约会聊天,还可以购物、玩游戏、打车、看电影、订火车票机票、住酒店,等等。只要选好了你所需要的,微钱包一键支付,轻松搞定。安装在手机里的微信,不占多大空间,却能实现电脑的大部分功能,故深受人们喜爱。

微信商城则是一款传统互联网和移动互联网相结合、微信与易信一体化的企业购物系统。它的基础是微信平台,可协助企业发布商品到微信,并在微信中建立自己的商城。因为微信俨然一个社交网络,企业要想在此社交网络中广泛宣传自身品牌及产品,就要建立自己的品牌专区,首先要有个公众号,打造出良好的微信企业形象。然后,通过微信平台宣传企业品牌,实现商品的查询、选购、体验,以及与用户的互动,让客户了解你,信任你,从而形成订购与支付的线上线下一体化服务模式。

微信商城的开通其实很简单,只要先注册微信公众账号/易信公众账号,再接入微信商城系统,然后上传商品信息就可以了。

下面说一下众销模式的另一个关键环节:消费返佣。中纵联联曾推出的平台消费模式"联联赚"非常有趣,用户只要有过一次消费记录,就能成为永久消费商。你买到一个产品,感觉非常满意,分享给朋友就能得到分享佣金。你分享的过程就是在帮别人卖产品,而因为你的分享产生了购买力,或者转发了你的分享的人,何尝不是在为你卖产品呢?产品卖出去,你又会得到相应的分红,这是史无前例的互联网时代消费商新模式。

平台消费商可以发展很多下线,无数的等级,但基本上只有前三级能参与返佣,佣金比例也根据具体公司规定而不同。大多数平台会对商品的具体消费佣金做统一的公布。

众销模式的好处在于灵活方便，无时间或地域的限制，任何有智能手机的人都可以参与其中。众销模式有零门槛、零风险、速度快等特点，只需要把看电视、喝咖啡、聊天的时间利用起来，进行轻资产运作，投入的钱财也不多，如果有比较多的朋友圈人际资源，就能很快见到成效。所以说，众销模式是真正的大众创富项目。

微信商城创业，可以在任何时间、任何地点进行，只要有网络就能随时随地进行相关操作。自己消费一定数量的产品后，就可以从消费者升级为消费商，成为传说中分享产品也可得到分红的人。置身于这种全新的利润分配规则中，不需要大投资，没有员工，自然也不用管理，算得上是一个零风险的商业主体。

消费商是一个最轻资产的商业模式，他们是机会的传播者，而这种机会就是：省钱＋赚钱。消费商可以以此为主职业，也可以兼职，是最佳的财富自由的经营者。

传统模式下，从制造商到广告商，再到渠道商，每个环节分得的利润都要从客户那里补回来，消费者只要购买产品，就必须被动地替商家的广告费、转运费、人工费等买单。

众销模式的产品则不同，它们从生产厂家直接到达消费者手里。其中，从广告商和渠道商那里省下来的利润由生产厂家和消费者分得。消费者直接面对的是生产商，对产品的反馈意见也能够更快到达厂家，便于厂家进一步改进产品。

这是个资源对接时代，每个人可以有很多个角色，既是消费者，也可以是产品销售者，享受消费返佣、全球分红、进阶分红、消费积分及福利项目等优惠。

众销模式让资金循环流动起来，你可以当自己的老板，演绎一段微信商城里的传奇。

传播—沟通—信任—成交

2011 年,国内知名互联网人士夏俊岭、姚广江联合提出"全民众销"概念。这一营销新概念是指以利益链的方式画个大圈,把商家的客户、员工及与之相关的社会人员都圈进圈子里,纳入商家的销售推广体系中。商家利用互联网和手机平台,将产品向熟人社群传播。在传播的过程中,精准定位受众群体,努力做到信任沟通。全民营销没有什么广告费用、宣传费用,最大限度地降低了企业成本。另外,由于没有中间环节的经销商,也不用考虑转运费、分销费,从而将营销效率发挥到极致。

全民众销推崇时间碎片化、社交经济化、参与全民化、传播精准化、信任沟通化,并引入"佣金提成"的奖励机制,重新定义了"传播—沟通—信任—成交"流程。

全民众销利用移动网络的便捷性,把每个圈子里的人都变成了推销员。这种新型营销模式,更有利于商家、众销人员与客户之间的沟通。商家发布产品、组织优惠活动时,商家和众销人员可以同步在线上渠道进行转发、扩散,在线下熟人圈里进行产品推荐,对产品做详细介绍,实行分享式传播。

熟人效应下,有推广就会有体验。推广员身边的亲戚朋友、同学同事,甚至是网友都直接变成目标受众群体,其中一部分人在体验之后会主动购买此产品,也有一部分人在佣金分成的利益驱使下,开始在自己的圈子里分享、推荐产品。这种模式促使不少网上购物爱好者申请成为推广员,其中不乏大学生、企业白领。多种优惠返利方式让推广员们在消费时得到了真正的实惠,并促使其在圈子内与朋友分享相关信息。

越来越多的人申请做推广员,便可以实现人人营销、事事营销、时时营销、处处营销的战略模式。而参与全民众销的人数越多,顾客购物就越经济实惠。

有个叫"微伙伴"的分销系统,就是根据全民众销理念开发、研究出来的。注册这套智能化软件可使推广员与商家建立契约关系,从而有了平台的诚信维系系统。在"传播与沟通"都逐渐到位的时候,信任显得更加重要,几乎成为消费者购买的关键。"微伙伴"系统从头到尾的每个环节都有相应的功能设置,包括客户跟进、反馈意见的回收与整理,以及推广员获取商家发放的佣金,甚至细致到提成的结算,都非常"智能化"。卖家只需要在后台根据提示信息进行简单的操作,即可完成"全民众销"各个环节的有效跟踪。

"微伙伴"平台以员工和客户的人脉圈为传播导向。需要宣传的微网站,无论是新品上架,还是新闻页面,或是各种营销活动,只需要一键就可以将之同步到员工和客户的微信朋友圈、微博或者其他社会化媒体上。

信息被转载之后,企业管理人员可以在"微伙伴"平台进行实时监控,了解营销效果。"微伙伴"后台的营销界面非常清晰明了,"分享、回流、成交"的数据一目了然。商家在后台预先设置好推广员获取的佣金比例,当推广员推荐过来的买家购买商品或享受服务时,系统会自动认知,之后按照佣金比例计算出提成的具体数值,定时结算到推广员的账户。

夏俊岭表示:"目前运用到全民众销系统的'微伙伴'企业用户都反映效果显著。例如面膜品牌'帝拉佩尔'在使用这套系统之后,在全国 200个城市已经发展了一万余名推广员,并以每月 500 多人的增长速度发展,同时,优秀的推广员也会自己发展团队,'帝拉佩尔'每天新增推荐客户1800 多组,每天推广员推荐成交 600 多单。"

除化妆品企业外,房地产行业也是全民众销发挥最大功效的板块之一。中意达房产在使用"微伙伴"的全民众销系统之后,业绩也是不断攀升。

全民众销的精髓在于,它只需每个人在屏幕上动一动手指,就能将公司产品或服务信息置于推广员的人脉圈子中,通过圈子的社群效应,以及众销分红的利润诱惑,实现精准而快速的传播。因朋友圈的信息传播遭到拒绝的概率比较低,既然是熟人的圈子,肯定有相当的信任度,成交概率也会大大增强。所以,在全民众销的火爆传播模式下,"传播-沟通-信任-成交"的一连串流程,变得顺理成章起来。

在大众创业、万众创新的"互联网+"时代,中国经济转型升级迫切地需要新动力,在分享经济"肆虐"的大环境下,许多企业都得摸着石头过河。

2015年7月,在中国房地产创客大会上,与会者就房地产企业如何在大众创业浪潮中立于不败之地做了探讨。其间,"好屋中国"董事局主席汪妹玲上台讲话时,以"互联网+房地产的'创客'"为主题,与大家分享了自己独特的创业思路和众创平台模式。

汪妹玲指出,当下是个创业的好时代。"好屋中国"作为O2O房产专业的全民众销平台,创立了独特的"好屋模式"。它不仅推出好屋经纪人概念,还开启了房产经纪和电商结合的全新模式,这种运作大大节约了营销成本。

汪妹玲说:"截至2015年5月,'好屋中国'已进入全国61个重点城市,与135家品牌开发商合作,平台上汇聚了60万专业经纪人、300万社会经纪人、8000多家经纪机构和上万家商户,项目平均成交增量超过35%。我们的服务才刚刚起步,创客空间未来会在上下游行业渗透得越来越深。在分享经济下,我们也很期待有更好的表现。"

显然,对于地产行业来说,一个好的创客平台至关重要。它既可以给更多人提供一个低成本、便利的、全要素、开放式的创业平台,还能够以自身的魅力获得广大客户的认可。

反馈经济学时代

"反馈"最早是一个生理学词汇，指的是人体的一种生理现象，它与"反射"相似，是把反射活动的结果回传到神经中枢，从而更有效地调节效应器活动的过程。

外界给身体一个刺激，比如说疼痛，当触觉神经接收到这个刺激后，就会做出反应，这是被动的条件反射。如果你看到距离手指十几厘米处有火源，为什么没有被烫到就直接躲开了呢？因为反馈。眼睛将所看到的事物信息（火源）通过神经传达给大脑，大脑在收到信息后，立刻做出相应的反馈——危害躲避处理，即远离火源。这样一来，反馈的问题就得到了解决。

最先把"反馈"这个词引入经济领域的是服务类行业。以餐馆为例，你如何知道这家餐馆服务的好坏、食物的优劣呢？看顾客。餐馆回头客多，至少可以说明两点，其一，价格相对便宜；其二，东西好吃。如果餐馆生意清淡，完全没有回头客，就说明老板的管理或者经营肯定是有问题的。顾客的反馈便是最好的答案。

大家都知道海尔的售后服务做得好，真正好在哪里，你清楚吗？对，就是反馈及时。不但是客服对用户的反馈及时，而且维修部门对产品问题的反馈也很及时，用户意见处理也迅速且到位，厂家与用户之间有很好的互动，让用户有种被重视的感觉。

大约十几年前，老母亲家里有台海尔的洗衣机出了点小问题，让我给售后打电话。当时,我是用家里的座机按免提拨过去的,电话刚一接通,我还没开口,客服人员甜美的声音就传出来:"您好,请问是 XXX 女士吗?你在 X 年 X 月 X 日购买了我们海尔的 X 型号洗衣机,请问需要什么帮助?"

老母亲当时就傻眼了,激动得半个字都说不出来。后来她悄悄告诉我:"海尔每年卖出那么多电器,这姑娘要记住所有用户的资料,那得是多好的脑袋瓜儿呀!"我笑着告诉母亲,这是海尔的售后反馈系统,全国各地的用户资料都存在电脑里,系统会根据客户当时留下的电话号码自动提取相关信息,所以,我们打电话过去时,接线员的电脑屏幕就会出现客户的购买信息。这次我们洗衣机出现的故障也会被写入系统中,将来备案用。母亲点点头说:"那这个商家可是够聪明的,它都让我觉得自己重要起来了,以后咱还买海尔的电器。"

海尔的售后人员维修完洗衣机刚走,客服的电话立马打进来。母亲乐呵呵接起,一个劲儿地夸:"修好了,修好了。你们的售后人员真好,进门自带鞋套,忙活半天连口水都不喝……"

母亲的话便是给海尔的用户反馈。当然,也有不少用户会提意见,对产品提出质疑,而那些中肯的意见或建议都将成为海尔公司未来发展的基石。

在大数据时代,"反馈经济"成了创业者和投资界人士最热衷的字眼。因为有反馈才有发展,有质疑才有进步。移动互联网为反馈提供了一个平台,让人们可以及时反馈信息,也让商家不因反应慢而被淘汰。

信息社会,需求无处不在。雪天的郊外,若没有打车软件,会不会有出租车或私家车专门载你一程?忽然发现自己多了条鱼尾纹,上网寻找见效的眼霜,顺便做个咨询,如没有电商、微商平台,是不是还要专门去专柜购买?

商家的反馈速度必须跟上时代的脚步,因为这直接决定着赚钱的速度。在分享经济带来的新经济形态下,各种新的商业模式次第出现,迫使人们不得不放弃许多旧的习惯,适应生活上、工作上的改变,谋求更快、更好的发展。

在传统的商业模式中,反馈大多是从客户购买产品之后才开始的,而分享经济不同,以众销为首的销售平台也不会只看中客观存在的客户,潜在客户的购买力是可以无限挖掘的,一位优秀的推广者,在维护老用户的同时,必定要兼顾潜在客户的反馈信息。根据这些信息,可以分析出他们为什么目前还没有购买此商品,是对产品没信心,还是对产品存在不满意的地方?推广者可以进一步与之沟通,找出问题所在,将潜在客户培养成老用户。

快速发展的经济让琳琅满目的物质商品填满了我们的生活,人们可选择的空间逐渐增大,经常出现许多企业争夺同一批客户的情况。多听听用户的声音,及时、快速地给出让用户满意的回复,往往才是成功的关键因素。

客户的反馈,就如同你在朋友生日时发送的祝福信息一样,你百忙之中还惦记着他(她),可是对方收到信息后迟迟没有理你,你的心情会是怎样呢?肯定会不爽。你的客户收不到你的反馈也照样会感到不爽,又怎么可能再掏腰包买你的产品呢?

反馈经济学用碰壁的经验告诉我们:客户是培养出来的,他们不喜欢被骚扰,却无法拒绝被关心。及时反馈,将会收获更多的用户。

解读:"好屋中国"的众销模式

"好屋中国"是国内房产业中第一家采用 O2O 模式进行营销的全民众销平台。它启用的是独立经纪人模式,也就是说,公司没有聘用专业的销售人员或房产经纪,而是面向网络,每个人都可以当经纪人,凭借各自的本事与方法去推销好屋中国的房屋资源。只要你的工作有成效,不管你是谁,也没什么学历地域门槛儿,都可以赚取佣金。

在"好屋中国"的平台上,开发商的任务是提供优惠房源,自由经纪人则根据其自身优势与周围社群的特点,有重点地选择和推荐合适的房源给意向客户,从而在平台促成高效成交。显而易见,"好屋中国"的众销模式是建立在独立经纪人基础上的,这些独立的经纪人可以是专业的房屋经纪,也可以是拥有其他工作、单凭业余时间做推销的兼职者,能搞定客户就是合格的房屋经纪人。

更何况,独立经纪人模式更符合目前的商业氛围。打个比方,你初到一个城市去工作或创业,需要找一套房子。你是相信这个城市里几家大公司的房屋经纪人的介绍,还是更相信在这里住了半辈子的一位关系还不错的朋友?毋庸置疑,当然是朋友。"好屋中国"的客户群打造就是从"朋友推荐朋友"开始的,市场打开之后,采用"安利模式"推动 O2O 商业模式迅速扩大,并一路缔造出业界神话。

"好屋中国"董事局主席汪妹玲表示:"我们的商业模式就是让每个专业经纪人成为自己事业的主人,每个人都成为创业的主体,提高他们的积极性。我们为创业者提供商机和事业平台,教他们如何获得精准的客户数据,如何提供专业的服务。在这样的模式下,经纪人所获得的佣金比原先实体店要翻很多倍,我们还可以省掉门店的费用,提高效率。"

全民众销的关键环节有如下几个:信息精准传播、渠道带动客流、现场转化模式、后期维护反馈。充分利用互联网技术,把营销模式打造成真正的 O2O 闭环形式,收集碎片信息,使其价值化,创建全民共赢的销售渠道。

汪妹玲相信,既然优步和神州专车能成功,房地产行业也同样可以在大数据服务中做到极致。于是,"好屋中国"通过人与人之间的信任,在朋友圈和微群落中将人与全社会连接起来,经纪互联,首创了"全民经纪人"模式。

汪妹玲说:"'好屋中国'通过互联网创新技术的产品和 C 端(客户端)入口,集聚大量的买房、卖房客户数据,做到去中间化、去固定成本化、信息对称、精准匹配,以专业的服务体系促进经纪人成交业务,给市场带来增量,重构房产生态体系,致力于为购房者、开发商和经纪人搭建起一个多方共赢的平台。最重要的是,这个平台让很多人实现了自己创业和事业的梦想,这也是我们的目的。"

"好屋中国"成立短短三年间,不仅完成全国 48 个大、中城市的布局,还一举拿下英国、美国、加拿大、澳大利亚四大海外中心,并与中海、万科等 135 家品牌开发商达成战略合作。如此成效,绝对是因为搭载了分享经济的动车组。

315 万名好屋经纪注册人,520 个平台合作楼盘,还有无数与房产行业有关的商户,规模之大,对于房产经纪公司,特别是网络平台的房产经纪公司来说,简直是史无前例的。

2014 年 7 月,"好屋中国"获得软银中国资本(SBCVC)数千万美元的投资,这么大手笔的资金注入,不但创下电商行业 A 轮单笔融资之最,也为"好屋中国"未来的发展夯实了基础。汪妹玲预估的没错,当"互联网

＋"遇到房地产,果然可以创建出房地产行业的京东商城。

作为被软银中国投资的唯一的中国 O2O 式地产行业企业,"好屋中国"自然不能叫老板失望。之后,"好屋中国"连续推出 APP 工具,这种以"抢钱宝＋抢客宝"的工具组合为重心的玩法,让公司在很短的时间内拥有了大量客户资源。"好屋中国"通过技术整合来自经纪人和抢钱宝的意向客户信息,利用云端平台大数据处理,将所有的信息直接送达专业经纪人手中。公司还定期对经纪人进行培训,提升其服务水平。有了专业知识做后盾,经纪人与客户之间的互动变得更加融洽,使得更多的客户流向线上,大大增加了交易额。

2015 年 12 月,明牌珠宝以七亿元 B 轮投资进驻"好屋中国"。在大数据时代,O2O 这种线上线下结合的营销模式在房地产行业是行得通的,而且终将引领房地产行业的潮流。

"好屋中国"商业模式的优势很明显。第一,开发商不用自己刻意投入成本再去做促销,代理公司中介公司也可以不要,只需要共享整个"好屋中国"的电商管理系统,便有几百万名房屋经纪人替你的房子操心;第二,通过"好屋中国"平台,买方能够很快找到意向房源,甚至可以获得一些增值服务,而其房产经纪人也可共享佣金分成;第三,平台让所有的注册用户各取所需,卖方能够精准地找到客户,房产经纪人能够快速成交业务,房子找到需要的人,人觅得喜欢的房子,意见反馈成功,服务水平获得了提高;第四,这种商业模式降低了交易成本,提升了效率,普遍受到大众欢迎。

"好屋中国"CEO 陈兴在演讲中提出"众创时代,众销现在"的观点。她表示:"好屋中国"以"人——创客""从——平台""众——生态"为逻辑主轴,好屋的创业梦是由员工、合作伙伴以及百万名好屋经纪人共同缔造的。在众创时代,众销让连接成本趋于零,从而实现全民参与、全民推荐以及全民服务。

陈兴强调:"好屋中国"的创业团队在做的事情,是打造一个吸引"众"

主动参与的靠谱的平台,建立一套主动推荐、均利的游戏规则,以及一整套公平、透明、生态的主动服务机制。通过团队的强大执行力,不仅可以实现大众创业,也能实现大众传播,做到有开放、有生态、有行动、有明天、有连接、有未来。

2016 年 3 月,"好屋中国"牵手碧桂园,将建造一座总投资额达到 2500 亿元的森林城市,谱写房地产业在全民众销史上的新篇章。

第六章

分享经济的产品模式

互联网时代，什么产品才赚钱

　　有人说儿童用品最赚钱，有人说保健品最赚钱，也有人说与女性相关的产品，尤其是美容产品最赚钱。其实都不是，只有分享经济下的分销或众销品，适合在微平台传播的 O2O 或 C2B 之类形式的商品才是赚钱最快也最容易的，如明星爆品、秒爆品等。零成本、无风险、不需要门店，甚至不用存货，又没有工作时间限制，随时随地可以经营管理的生意才是最受人喜欢的，因为能赚钱又自由啊！

　　现在做品牌店也是可以没有店面的。并非大资本、大手笔才能做品牌、做传播，有几个传播力很强的朋友圈或社群，生意很可能比一些实体的品牌店做得还要好。

　　"互联网＋品牌"，这是多好的一对组合啊。以前挂在品牌店里的衣服过于昂贵，而电商、微商推广的品牌产品却"价廉物美"，一样的品牌，没有了店面租金、水电等费用，也不用给店员发工资，还省去了广告宣传费，甚至省去了一级代理、二级代理、渠道商的中间费用，以及转运费等各项开销，直接以企业对客户的形式，采用全民众销之类的模式将产品信息传播和销售出去。

　　而这些省掉的中间环节的大部分费用，企业以价格折扣的方法返还给顾客，如此一来，我们在网上买到的品牌产品自然就比在实体店里的便宜。这种移动平台上的销售模式，正在颠覆传统的营销模式，并有逐步取而代之的趋势。

特别是爆品的出现,更是看花了许多人的眼。聪明的商家把一件"小事"设计成引爆点,然后借助网络或移动手段,用微博、微信等营销方法全面引爆,使某样产品成为爆品,其销售量因粉丝的钟爱迅速增长。当一款爆品成为焦点之后,其同类型、同品牌的产品也会倍受网友们青睐,从而引发一波抢购热潮。

掌上世界虽小,却能迸发出你想象不到的极大能量。微电影、微动漫、微小说等微营销渠道,早已各领风骚三五年,都有着自己的地盘及各自不同的优势。作为产品营销者,想要在微时代做好微销售,就必须学会综合各个微渠道的优势,并通过优势互补来弥补其他渠道的不足,还要打造自己特有的社群网,通过在朋友圈里推广来发展盟友,呼吁人人都来参加销售,个个都能拿分红,全民进入众销时代。

分享经济时代,要想一个产品卖得好,不但要把渠道维系好,也必须经营好企业的公众账号。品牌一般要安排专人对每天需要上传或群发的信息提前进行编辑排版,其中,文字素材可以以情动人,图片要清新秀丽,让观者眼前一亮,推送的信息可以是最新推荐、行业信息、资讯分享、优惠活动等各个方面的内容,语言要活泼生动,让粉丝有读完文章的兴趣。

再者,粉丝的管理也非常重要,品牌不能只顾及产品的推广与销售,更要了解客户需求,及时收集反馈意见,快速细致地答复客户,努力为客户打造人性化的贴心服务。客户一旦对品牌的产品和服务产生依赖,自然会自发地使用微信等工具分享自己的快乐体验,进而形成客户口碑效应。这种朋友圈的口口相传,其实就是最好的广告,对提升企业品牌的知名度、信誉度及其产品的销量都有极佳效果。

微平台用它庞大的用户群与快速的传播力打造出了一个虚拟的经济圈,而其中的交易却是货真价实的真金白银,做好这桩生意的前提是诚信。企业也罢,个人也罢,必须要有足够的诚信度,才能被网友们信任。企业要用产品质量和完善的客户售后服务系统,逐步建立自己企业的诚信度。而时不时组织一些线下活动,增强平台与粉丝的互动,也是提高信任度的方式之一。

分享经济的急速发展,使得大公司也越来越多地开始使用分包模式。一来,盈利速度快;二来,省时、省力、省成本;三来,不用自己管理,质量照样可以得到保障。

假设你是项目的主办单位,把一个项目分段外包给不同的小公司或个人,只需要派人到各包工企业去抽查质量,监管一下进程,完工做总体检查,就能够得到不少提成,是不是比你公司亲自做这个项目来得轻松呢?

大规模外包形式促进了专业领域的细分化与精简化,让人才变得不可替代。与此同时,那些没太大技术含量的工作则慢慢被智能化机器人代替。分享经济中的闲置资源被开发,满足我们生活需求的资源将越来越多。

所以,作为一家企业,要有可以引爆市场的优质产品,老板才能赚个盆满钵满。

互联网公司必须要拼爆品

爆品其实早就存在，只不过它们的潜伏能力太强，我们大多数人都没发现它们而已。百度、搜狗之类的搜索工具，QQ、MSN、微信之类的聊天工具，360、瑞星、江民之类的杀毒工具，为什么这么深入人心？它们为什么免费？

没错，它们就是爆品，它们免费的目的无非是让更多人使用产品或服务，体验其性能，积累人气，从而吸引更多的用户。

百度搜索之所以免费，是由于它要储备足够多的用户量，让大家只要想查找什么知识点，有任何疑问，都会自然而然地想到问"度娘"。只有它的搜索引擎用户量达到相当的数量，甚至成为全国之最、全球之最，它才更有资本与广告商谈排名、谈价格。

百度作为全球十大网站之一，覆盖了 95％的中国网民，被誉为最具价值的企业推广平台。它主要是依靠竞价排名服务来赚钱的，几乎整个搜索引擎行业都是主要靠这个赚钱的。

百度竞价排名，是百度首创的一种按效果付费的网络推广方式。每天有上亿人次在百度上查找信息，企业只需付出少量的金钱，并在百度注册与产品相关的关键词，就可以被寻找这类产品的用户搜到，从而吸引大量潜在客户，有效提升企业销售额。

用免费来拼爆品，那都是资金雄厚、烧得起钱的大公司干的事，中小企业恐怕是没有那个实力的。所以，中小企业的爆品一定要是让客户感到"物有所值"或是"物超所值"的。用心做好产品，扩大网络宣传，时不时搞点超预期的高性价比的优惠活动，让客户感受到公司的诚意。只有先打出了知名度，维护好与用户之间的关系，用户才会持续关注。

尤其是刚刚起步不久的公司在朋友圈里做促销得来的第一批用户特别重要。这批用户并不了解你的产品，可能是感觉便宜来试试，或者被你的创意吸引，也可能纯属凑热闹，还可能是的确需要这种产品。不管哪种原因，你都要有心理准备，只看不买的情况是存在的，只买爆品、促销品，不理会店里的其他常规产品的事情也很正常。千万不要认为只出售爆品你亏了多少成本，每天的客流量是金钱未必能买得到的。你用低于成本的价格留住了顾客，他们很可能会是你以后的长期客源，在营销市场上，回头客带来新客源的事情屡见不鲜，公司也要对介绍新客源的用户给予适当奖励。

这是一个新媒体运营当道的时代，企业应该充分利用低成本的网络和移动平台上的工具进行产品推广，传播企业文化，展示团队风貌，剖析产品价值，贯彻品牌精神，与用户交心。企业应以互联网为媒，将企业或品牌的真情实感传递给客户，并用专业态度回馈客户，解决他们在购买产品中的各种顾虑与问题，当他们是朋友，以心换取心，以爱搏财富。

如今，微信等互联网社交工具成为人们生活中不可或缺的一部分。社交关系衍生出各个类型的朋友圈、微社区，转发、收藏、分享成为信息在这些圈子里传播的主要方式。每个人都是信息的传播节点，企业与品牌的促销打折信息、秒爆品信息等，就是从这种信息传播节点开始实现品牌裂变传播的。

用户跟你又不熟悉，凭什么分享你的品牌或产品？只能出于利益驱使。微商界的全民众销之所以成立，就是因为有提成分享模式。再者，你可以利用明星效应，或者跟用户聊情怀。以情动之其实是一个综合、系统的工程，这就涉及了意见领袖的魅力。比如，罗振宇的"罗辑思维"节目称得上移动互联网时代优秀的社群营销教科书级节目。如果有本书在京东和当当上销量不佳，但是一旦罗振宇发现它的价值，在节目中用他强大的个人魅力与独特视角解读完这本书，在"罗辑思维"的社群商城里，这本书马上就会成为特别畅销的爆品。这便是品牌的力量、爆品的诱惑。

秒爆品，也是网民用户与电商之间快速、有效的沟通渠道之一。秒爆品是一个网络电商用户与消费者充分利益对接的独立平台，它以潮宝和积分为基本活动币，集休闲、娱乐于一体，能有效发挥平台优势，给网商提供各种有利于商家店铺推广的卖家服务，同时以相当有优势的活动资源，吸引众多高含金量的买家驻足消费。经长期运营，平台已积累了近百万的稳定用户。

秒爆品的现有特色模块有：全网免单、免费试用、一元秒特权、秒爆九块九、秒爆三折，以及游戏娱乐等，用户可以通过网站应用模块赢取积分和潮宝，或者参加活动抽奖，赢取实物的奖品，通过潮宝还有机会享受全网产品免单的特权。

如何找到目标用户?

在传统经济模式中,一名营销人员每天的首要任务就是找客户。我们时常会接到一些陌生人的电话,问你要不要买房、上不上保险,会收到各种各样的广告推销或者短信留言。尽管那些营销人员很勤快,不厌其烦地广撒海网,但这样的电话能为他们带来潜在客户吗?

茫茫人海,怎么样才能找到目标客户呢?发宣传页、张贴小海报,还是直接去报纸或电台登广告?宣传页你发一路,别人扔一路,何必浪费纸又污染环境!小海报有没有人看暂且不管,贴在专门的广告展示栏上还好,如果没有展示栏,满大街去贴电线杆,等于无形间丑化自己所在城市的形象。至于报纸和电台之类的广告,投入太多,回报率未知,长期投放的费用不是所有企业都能支付得起的。

所以,新企业或销售新人像没头苍蝇一样,满世界瞎撞是毫无意义的。与其花费大量的时间和精力去寻找目标客户,倒不如想个两全其美的办法,搭网络的快车,让目标客户主动找到我们。最早期、最直白的办法是购买搜索广告,包括企业关键词、产品关键词、性能关键词之类的网络搜索。"有问题找度娘",已成为人们想要搜索时的口头禅。

针对用户们的未知心理,聪明的商家会在网上从用户思维的角度来发布一些文字或链接,其内容包括与用户搜索的问题相关的贴心推荐。比如,你搜索"北京到洛阳"时,网页除了显示距离和地图之外,还会出现洛阳的景点、风味小吃、自驾游攻略等。或者你会发现,在搜索引擎里只输入两个字，下面会有一串以这两个字开头的小标题，如果你感兴趣逐一打开，商家的目的便达到了。因为你有相应的需求，便很自然成为商家的目标客户。

这就是为什么商家争抢着要在搜索引擎上竞价排名。如果哪家企业被排在搜索结果的首页，尤其前几名的位置，用户就极容易对其信息进行点击和浏览。用户若对企业产品满意，便会根据网页中的企业信息，与相关人员取得联系，从而敲定这笔生意。

让客户找商家虽然也算一种销售方法，可毕竟是在被动等待客源，我们还得学会主动出击，才能将生意做得更好。

首先，要想客户认可你的公司和产品，就得先给产品找准定位，建立自己的网站或者公众号。几篇通俗易懂又妙趣横生的介绍公司商品的文章，可以让客户从文字中体会到公司的企业文化、产品性能，以及售后情况。客户只有对你的公司有了透彻的了解，才敢放心与你合作。

其次，如果对方合作单位是企业，可以在 B2B 网站查询该公司信息，捕捉客户需求，并主动联系，寻找合作机会。或者以查通讯黄页的方式寻找，查到对方企业的网站，根据其经营范围，进一步落实客户需求，并将公司产品介绍发往对方企业邮箱。

再次，参加行业展会，收集与会客户和同行的资料，将自己公司的产品宣传单推荐给客户，与客户交流、了解其需求后，有针对性地给出产品推荐。展会上的成交概率一般都很高，一定要抓住目标客户，让他们感受到自己的诚意。

另外，同行之间的资源也可以相互渗透。谁说同行是冤家，只要关系处得好，同行完全可以成为互帮互助的朋友。比如，上次你接了一笔大单，自己完不成，就相约同行老张的公司一起做，结果按时交货，客户很满意。你跟老张利润平分，就此加深了友谊。同样，如果哪天老张接到一笔大单子做不完，第一个想到的人肯定也是你。为什么呢？因为你仗义。这便是同行之间的互帮互助。

　　我们以餐饮行业为例,具体分析一下。你准备开一间快餐店,那客户定位主要是哪些人呢?年纪大约在二三十岁,有一定收入的白领。这类人对网络比较敏感,多数具有独立的价值观。他们对新事物的适应能力很强,对网络媒体等传播信息有较高的吸纳性。这其中的有些人可能对现实略有不满,性格中有或沉稳或文艺或搞笑的一面。

　　你的快餐店风格偏向于针对哪一种客户?沉稳型客户,最好从 IT 社区找;文艺型客户,可以去豆瓣里寻;搞笑型客户,就到贴吧和天涯里觅。

　　目标用户找到之后,广撒英雄帖,在群论坛里频频露面,推荐自家食物有多好吃,有多价廉物美,总会有人被吸引的。试运行一段时间后,你会慢慢发现,有的顾客只是偶尔工作太累不想做饭时才订餐,他们的需求少,获取成本比较高;有的顾客订餐需求很频繁,他们多是“单身狗”或“深度宅”,这类人群订餐频率非常高,获取成本也较低;而订餐最多的就是上班族,他们在周一到周五频繁订餐,客户获取成本相对最低。那么,上班族便是企业选择的获取成本最低的目标客户群。

　　对于目标客户,企业最好采用返利或积分等手法,将其牢牢锁定。有了目标客户,接下来的问题就是如何增长客户量。潜在客户最活跃的地方,除了游戏集聚地,就是线上一些免费的应用商店,还有一些社区、论坛、朋友圈等。

　　倘若你一上来就自报家门,向众人介绍你快餐店的食物,会有人理你吗?当然不会。说不定管理员还要禁止你发言,众网友还以为你是上来抢钱的呢。别忘了,你进入的是虚拟社交空间,感情和信任都是靠你一言我一语地聊出来。你一上来就让别人来自家消费,是没人理会你的。所以你必须先热身,找些话题,让朋友圈或论坛活跃起来。当铺垫做好了,再找些水军与你搭戏,在圈子或论坛上灌水,两人一唱一和,引入大家都感兴趣的话题,跟众网友聊熟之后,逐渐引入你的公司品牌,提升企业或品牌的曝光度,这样就可能获取初期的种子用户。

　　有了第一批种子用户,在 APP 质量过硬的前提下,就能产生第二批、第三批种子用户。通过这些忠诚的用户,公司不断提升品牌知名度,开始形成良性循环,并以客户来带动新的客户群体。公司可以进一步打造KOL(Key Opinion Leader,关键意见领袖),定时发布产品相关信息,与用户互动;在产品的互动区域内,鼓励用户签到积分,无论是用户回复、点赞、评论或分享,都可以用来积分;分享或邀请好友则可获得奖励。

　　如此种种,既能更好地宣传商品,又可以调动目标用户的积极性,绝对好过烧钱砸广告,而且还能把广告费省下来,以实际的优惠价格反馈给客户。何乐而不为呢!

解决用户的痛点

记得以前去银行存取钱，又填单子又排队，万一临下班过去银行又不给办了。在储户们的抱怨声中，银行推出了 ATM，24 小时可以存取款，既缓和了排队问题，还便利了储户。

当年海飞丝洗发水的广告，借拜访岳父岳母的青年肩上的一层头皮屑，毕业生面试时衣服上令人厌恶的白点来说事儿。家长不喜欢，面试不成功，狠狠地抓住了用户的痛点，让海飞丝去屑洗发水深入人心。

每次缴水电煤气费，队伍都排得老长。直到有了支付宝，这让人头痛的排队现象才有所缓和。

生病感冒，头疼脑热，如果去医院，需要折腾几个来回，随便吃点感冒药吧，又担心会出现什么副作用。有了"家庭用药"APP，用药方便，也安心了许多。

从上面的例子可以看出，谁抓住了客户的痛点，谁就抓住了商机。所谓痛点，是指比较迫切的需求。解决了用户的痛点，就等于拥有了财富。

用户痛点，这是当下做产品的商家都必须深究的东西。如果你在生活中遇到的问题，很多人也曾经遇到过，但到目前为止，还没有可以解决的方案。恭喜你，找到"痛点"了。

这个"痛点"到底有多么深刻，就看这个问题有多严重了。早先，有个南方人去东北做烤鸭生意，他从农村收了一大车鸭子往城里运，可是路上忽然下起鹅毛大雪,车在颠簸的土路上赶不动了,南方人只好在一处背风的小山丘后面停下来。大雪一下就是两天两夜,许多鸭子都被冻死饿死,南方人用冻得麻木的手指拔下一根根鸭毛,塞进自己衣服里,并且点燃了木制的拉车,与活着的鸭子偎依在一起取暖,烤已死的鸭子充饥。终于,在他的家人找到他的时候,南方人还剩下一口气。自此,便诞生了将羽毛填塞进布料里的羽绒服,那里的百姓再也不用害怕冬天出门会被冻死了。

就这样,羽绒服的销售量迅速增加,逐渐风靡了北方的所有城市。任何天寒地冻的区域,都少不了羽绒服的影子。还有羽绒手套和羽绒裤之类的产品,人们之所以青睐羽绒产品,就因为它比棉花暖和,又抗风。这便是利用了用户的"痛点"。

另外一个例子是学习机,学习机的出现就是因为有许多家长不会英语,没办法教孩子;把孩子送到辅导班吧,辅导班收费很贵,孩子接送起来又非常麻烦;还有的家长工作太忙,没时间教孩子。于是,学习机便成了最好的选择。只不过,这学习机一味只讲学习,孩子们怎么可能自动就范,乖乖去学呢?如果孩子不使用学习机,英语水平得不到提升,父母们就会认为这东西没用。周围的人收到这些家长的体验信息,自然要犹豫有没必要给自家孩子买。

一连串的问题驱使商家对学习机进行不断升级和改进。商家先加入了游戏的成分,让孩子们一边玩游戏,一边记单词;之后,做进一步开发,让学习机变成学生电脑,孩子们每通关一次,数学、语文、英语、历史等学科的知识水平都会上升一个新台阶。这样一来,孩子们越玩越上瘾,学到的东西也就越来越多,这便是在玩中学,在学中玩。

当孩子迷上学生机,自然会节省了家长陪伴的时间和辅导功课的时间。辅导老师不能请回家随时随地教孩子,但学生机上有名师讲课,想听多少遍就播放多少遍;还有名校题库,想做哪一套题,孩子自己打开直接练习就好了。

　　关于解决用户痛点的例子,我们来谈一个最常见的现象——家装。多数人一辈子也就拥有一两套房子,因而对于装修要求尽乎完美,他们肯定希望花最少的钱办最多的事,而且装修材料的质量还必须得过关。但是,谁又真正懂得装修?家装产品和服务的消费不但流程漫长又烦琐,而且非专业人士还看不出里面的门道。从找设计、挑施工、选主材、等安装,再到装修结束后的售后服务等一系列过程,都让外行的客户们头大。

　　有的客户为了一次装修,花大把时间去刻苦钻研,看材料、比价格、找装修队,自以为懂很多,却仍没有商家的套路深。可是,不研究也不行,毕竟是自己未来可能会住一辈子的房子,不像买个冰箱,不制冷可以退,也可以换。装修坏了没法轻易把房子退回原样,就算换人重来,其中浪费的人力、物力、心力,都是难以弥补的。传统的装修行业进入了一个怪圈:客户需求量很大,企业却不被信任,满意度非常低。这就急需一种新的方式来扭转装修业的困局。

　　装修业的实际情况和用户痛点决定了家居家装O2O模式的出现,而且这种模式必须要简单合理,让用户不需要操心太多就能解决问题,让装修的中间环节都有专人监督,让用户无烦恼,家装结束可以放心验收。

　　然而,目前家居家装O2O的中介模式仍不能控制装修全过程,网上标准化的装修模式还是有些复杂,类似"家装e站"的标准包、设计包、主材包和施工包具体到分项,很多用户还是看不明白。

　　家居家装O2O要想受到用户欢迎,在提供产品和服务的时候必须价格透明。如果客户在一项项在线比价后确实感觉到这就是性价比最好的产品,就等于留住了客户。家居家装O2O模式要想做大,必须讲求"个性化＋标准化",并且通过规模化来降低采购成本,利用多套方案引导来实现最大限度的标准化。

　　比如电视墙,用户有自己喜欢的样子,但跟整体格局不太搭配。装修公司可以通过调研优化,设计出几套符合室内布局,又与用户喜欢的风格相似的方案,让用户从中挑选。

　　家居家装 O2O 要解决用户的四大痛点：需求不清、选择障碍、个性化诉求及体验不完善。另外,还要找到自己公司垂直在某一细分人群的细分市场,这样才能走得更远、更稳。

未来的 C2B

C2B 模式（Customer to Business）即消费者对企业，它的核心是将分散分布的用户聚合起来，通过数量庞大的用户群形成一个强大的采购集团，以此来改变 B2C 模式中用户的弱势地位，使之享受到以大批发商的价格购买单件商品的优惠。

C2B 这种电子商务模式最先流行于美国，目前国内的厂家很少真正完全采用此模式，但这并不影响它成为未来电商新的发展方向。

C2B 的商业模式有两种：第一，团购；第二，个性化。

国内的团购网站有很多，颇具规模的也有几家。它们集合众多用户的需求，形成一个统一的购买团体，因为参与团购的人员数量多，网站与商家定好的优惠批发价格非常低，顾客能够得到极大的让利。而团购网的收益主要来源于广告和佣金，这只不过是 C2B 发展的初级阶段。

随着国民收入的增加，消费能力的提升，大家的消费习惯和观念都发生了转变。尤其是中产阶级和都市先锋人群，他们不再一味追求商品价格低、能用就行，而是更崇尚自我个性，更注重产品的品质和特性。他们选择一样东西，首先考虑的是品位、外观样式；然后再关注它的质量；最后才是价格。这些中产阶级催生出团购的另一大潜在市场：自发用户需求市场。

用户通过自发组织，或是由第三方平台聚合起喜好相似的人群，促使企业按照他们的需求，在原有产品的基础上批量进行优化和生产。这些优化包括：改用质量更好的材质,改善外观设计,优化组合方式等。企业不需要对产品做太大的变动就可以满足客户的要求。

企业对产品的些许改变看似是对客户的让步,实际上对三方都有好处。用户能享受低价格和高质量的产品,而商家呢,由于团购人数非常多,一次性购进大批量原材料可以采取在互联网上团购的方式,价格自然比平时便宜,这相当于降低了企业的成本。另外,企业利用一次成功的团购打开线上市场,甚至只要维系好这些网络客户,还能带来源源不断的新客户以及其他需求,扩大了交易份额。此外,团购网站自然也得到了宣传。

团购也有它的缺点和局限性。如果人太少,团购的低价位就不能成立;同一品牌的商品团购种类太多也不好操作;客户处在距离比较远的地域,发货就会特别麻烦。所以,团购不可能像进超级市场一样,一次买到你所需要的全部商品。

个性化原则上是 C2B 发展到更高阶段才会出现的模式,个性化定制具有创新性、高成本、高颜值、高满意度等特点。企业接单后必须要掌握一个平衡点,那就是既满足用户个性化定制需要的高成本,又给出较低的群体采购价格,两者兼顾,险中求利。当然,这不仅是对企业的考验,也是给第三方的 C2B 电子商务平台的巨大挑战。不过,国内已经有些成功的案例,如汽车的个性颜色选择,以及有些电脑公司可以按用户指定配置装机等,都是 C2B 个性化定制的初体验。

微信自媒体 SuperSofter 曾经报道过,上汽公司的 MG5 极客版汽车就是采用 C2B 模式满足用户个性化需求的。用户可以自由选择汽车配置、系统、座椅、保险、车贷等一系列配套设施或服务,就连汽车自带的语音助手对主人的"称呼"都能任你挑。完全的私人订制,听起来真的挺有诱惑力的。

戴尔的直销网站也比较前卫,它率先开创了用户先定制方案、戴尔再组织生产的先河。无论手机还是笔记本电脑,都可以实现个性化定制。

用户可以选择手机和电脑的配置、外壳颜色、预装应用等，因此手机行业出现了"青橙"和"百分之百"这样有个性的定制手机，而电脑方面的成功案例就更多了。这些定制基本上都是以满足用户的个性化需求为首要目标，可既然是个性化需求，肯定不可能大规模生产。生产量小，成本必定会增加，如果每个人都要求私人订制，成本绝对会大幅提升，因此客户还是要考虑下价格方面的承受能力。

分享经济带来的新思维和新模式日渐走入人们的生活，"风险投资之王"约翰·杜尔这样评价个性化定制网站："它是对现有电子商务模式的最新突破。"阿里集团副总裁张宇表示："淘宝网将强调推广 C2B 的概念，以顺应并加强电子商务个性化和定制化的趋势。目前消费者的消费需求其实还处于压抑状态，未来定制化和个性化购物将成为市场的主流。"

消费者可以根据自身的需求定制产品和价格，甚至可以主动参与产品设计、生产和定价，这样的反向定制模式是消费者之前想都不敢想的，而现在有些商品已经实现了这样的定制模式。企业也不再拘泥于用户数量，直接进行定制化生产。

如上种种 C2B 模式，都需要用户主动参与其中。用户需要与商家互动，进行数据调研、产品预售、组织团购、定制和选配等，所有行动用户都是主动地、积极地去体验和参与，因为这样生产出来的产品是独一无二的，增强了用户体验的兴奋感。

解读：大朴网爆品的成功要素

库巴网创始人王治全二次创业建立了大朴网。2012 年 8 月 28 日，大朴网正式上线，旗下有 DAPU 和 dapubaby 两个品牌。作为国内一家自主设计的多品类双线（线上线下）推进的家纺家居用品公司，大朴网更注重产品的高安全性、高质量和高性价比。

当年电商老兵王治全之所以一举杀入家纺业，是因为在库巴网转型综合电商后，王治全拜访了几家家纺厂商，发现有三大问题——利润虚高、效率极低且没有领导品牌。王治全决定做家纺业的电商，他首先以"无甲醛和纯棉"为吸引，迅速打开市场。在三个月内，顾客回购率达到 57％。创业两年多，销售额近亿元。

王治全打造的其中一款爆品是 240 根床品。2016 年只在"双 11"当天，这款单品 SPU 卖出 4200 套，家纺行业很少出现年销量破万的单品，销售额接近 150 万元的情况更是少见。2015 年，王治全定位 240 根床品计划销量在 8 万至 10 万套，结果任务完成得也相当漂亮。

王治全说："我们也在学习小米，尝试用单品、海量、极致的思路做产品，爆红的 240 根床品是向小米致敬之作，1.8 米 366 元、1.5 米 299 元，产品毛利从 20％降到最低，逐渐得到用户认可，在不花一分营销费用的前提下实现大量铺货，订单增加推动工厂为我们单独开封闭车间生产床品，产品质量得到保证，同时有利于优化成本结构。240 根床品的面市，使我们明白唯有死磕订单才能改善供应链，因为工厂最喜欢标准化生产。"

240 根床品扮演流量产品的角色,它以超高的性价比吸引了大量用户,不断为网站导流和制造口碑传播点,240 根床品的旺销也直接带动大朴网的其他产品销售。作为爆品,它尽管不赚钱,却可以通过节省营销费用来提升其他产品的毛利率。

在浴巾品类里,王治全也曾推出过爆款产品。2014 年,大朴网单款浴巾销售量 12 万多条,这是高销量单品之一。同时老粗布凉席也卖得异常火爆,在市场如此混乱的前提下,其销量还能保持强劲增长的势头,使得大朴员工坚定了打造更多优秀产品的决心。于是,在 2015 年,袜子和内裤又成为爆款重点打造对象。

如何把单品打造成爆款? 王治全亲自总结了以下必须具备的三大要素:

一是改变思维,千万不能把自己当成神,认为自己都是对的,而应快速试错,用户认可的产品才有可能成为爆品。

王治全认为:"不是所有用户都是粉丝,只有有价值观的用户才是粉丝,大朴乐意经营有价值观、爱传播的粉丝。我们建立了几十个微信群,主要面向参与大朴活动的粉丝,他们会在群里'吐槽'产品、物流等各种问题。来自用户的真实声音有助于推动大朴发展,所以大朴必须真诚面对用户,构建双方信任基础。"

二是找到目标用户,如果无法明确目标用户,产品改进就会陷入尴尬的境地。

当电商企业与用户建立信任关系后,企业自然会享受到粉丝经济的红利,因此大朴内部倡导与用户交朋友的机制。王治全经常告诉员工:"尽可能置身在交友场景下服务用户。与用户交朋友并非一朝一夕之事,更不是简单地把用户挂在嘴边,除了培养团队价值观,还必须塑造企业文化和破除旧有商业常识。"

三是走高性价比路线,产品性价比不高基本没有出路。如果 100 元的产品能达到市场上 300 元产品的品质,它就具备成为爆款的潜质。

许多电商平台限制用户退换货,大朴则不同。在上线之初,大朴就确立了 30 天无条件免费退换货政策。电商平台各种限制对用户极不公平,以毛巾为例,用户只有过水使用才能判断其是否存在质量问题。过去用户退换货,需要退还的商品入仓检查无误后再退钱或发货,现在用户凭单号即可完成退换货。王治全郑重承诺:"大朴坚决不做虚假宣传。内部员工了解产品全面信息,基本藏不住任何秘密,如果员工不愿意买或不愿意向朋友推荐自家产品,公司应立即下架该产品。"

对创业者而言,并非只要有爆品就能闯出一片江山,还得分享和利用一切可分享和可利用的资源,将成本控制在最低的范围内,才会有赢利。爆品只是打响品牌的手段,供应链管理才是网站运营中极其重要的环节。王治全结合自己的亲身经历,为大家总结了必须注意的四大事项:

第一,打造供应链再难也不能轻易让步。必须与好工厂或大工厂合作,毕竟它们长期经历市场考验,犯错成本高。

第二,代工产品尽可能少。大工厂起订量很高,产品线过长会使现金流过于分散,而且增加了犯错可能性。

第三,快速试错。创业者盲目追求低成本,希望产品迅速售罄,但实际情况是前期产品大卖,后期库存堆积被迫降价甩卖,造成企业严重亏损。所以创业者在前期不要紧盯赚钱,而应拿到足够订单后将产品快速推向市场,并根据市场反馈调整后续订单,以试错心态去做决定,再验证决定正确与否。

第四,珍惜时间成本。时间是创业者最宝贵的财富,本轮融资结束意味着下轮融资倒计时开始,资本不确定性是埋藏在企业发展过程中的定时炸弹,投资者往往通过资本运作或并购谋求退出,而不会等企业收入稳定后再退出,所以创业者必须时刻与时间赛跑,在快速试错中为未来争取更多发展机会。

　　可以说,王治全领导的大朴团队会成功是种必然。因为,他们在移动平台上以爆品引流,合理定位目标消费者群体,在失败中打造精英团队,借有情怀的企业文化拉拢客户,不仅以低价位、真品质赢得了利润,还让消费者付出的每一分钱都花在了最有价值的地方。

第七章

组织关系 "升级版"

重构的劳动关系

分享经济不仅带来大量闲置资源,自由自在的工作环境,丰厚的收益,也把我们拉进一个人人协作的时代。生产者和消费者的角色越来越模糊,消费者可以参与生产与设计,完成自己的私人订制产品,而生产者也同样是消费者。角色定位发生转变,组织边界变得模糊,各方角色都面临重新洗牌、优势重组的局面。

劳动关系也是如此。新经济中的工作人员出现大规模业余化的特征,而社会生产组织却趋于日常生活化。一个多元化的"人人时代"诞生了。它打破了以前的传统劳动关系,没有什么劳工合同,没有相对稳定的收入,没有长期的劳动保险。这不是长期契约所形成的固定组织,只是临时的组合、短期的合作、当下的任务。规定时间内完成了任务,你就能得到应有的回报;完不成,很有可能一分钱也拿不到。

美国华盛顿特区经济趋势基金会总裁,著名社会批评家和畅销书作家杰里米·里夫金在他的《零边际成本社会》一书中指出:"第三次工业革命大幅提高了生产率,使很多商品和服务的边际成本趋近于零,经济稀缺逐渐让步于经济过剩。分享经济带来了一场改变人类生活方式的资源革命,个人用户将在边际成本趋于零的条件下越来越多地通过协作生产、消费和分享自己的商品和服务,这就带来了经济生活的全新组织方式,将会超越传统的资本主义市场模式。"

"我为人人,人人为我"的分享经济不但促使服务业进入大规模业余化阶段,也使得其他行业慢慢被业余化渗透。当然,这里的"业余化"并非是说他们不专业。你用滴滴打车软件约来一辆私家车,车主有七八成可能不会是出租车司机,他(她)也许是某公司白领,也许是新创业的小老板,也许纯为好玩试试这个软件,出来"打一趟酱油"。在出租车这个行业里,他们都算是业余选手,而对于开车和认路还是比较专业的,所以兼职当一回司机,完成这个临时任务基本上都没有问题。

传统企业多数是依靠渠道垄断来掌控行业的,它们不仅垄断生产技术、工具及客户渠道,就连代理商和供货商也一并掌控着。分享经济的出现,打破了传统企业的垄断大法。分享平台上不但有生产工具、技术人才,还有让传统企业抓狂的海量客源。这些供需关系一旦经过优化组合,必定会出现低成本、高效率、个体劳动者以其自身优势与传统企业竞争的局面。

分享经济弱化了雇佣关系,由其衍生出来的新型关系让人脱离固有组织,逐渐形成一个包含自由关系的联合体。就像那些威客网上的威客、厨师网上的大厨、名医主刀网的医生、家教网上的老师,他们与这个网络平台之间更多是兼职关系。威客们,平时有工作的仍然可以继续在原来的公司就职,并不影响他们业余时间在网上接私活儿。厨师们也是如此,在自己工作不忙的时候,应网络平台之约,去客人家里为其准备一顿星级大餐,让顾客在家就可以充分享受星级酒店服务。有相关资质的医生可以利用空余时间为病人提供在线咨询服务,甚至为顾客上门诊疗。另外,大医院有经验的医生在休息时间被预约去地方或社区医院主刀,不仅解决了目前大医院看病难的问题,还提升了地方或社区医院的治疗水平。"名医主刀"这一网络平台就是整合闲置医生、手术室和病床等资源,为患者提供高效的手术治疗服务,避免了因医疗资源分配不均而造成的患者等待时间过长等问题。

老师的教育资源分享更是如此。传统应试教育下,无论是小学还是中学,老师们都是在学校备课、授业、解惑,校门之外的学子很难享受到校园资源。而分享经济下的资源分享为他们带来新的生机,未来教育也会走向人人分享的模式。老师或教授们不一定非在固定地点和机构中任教,而是完全可以通过网络手段向坐在电脑另一端的学子们传授知识。现在的外教网站、网络大学采取的就是这种模式。如此一来,不仅名师资源流动起来了,教育的公平程度得到提升,而且受教育者的收获也更多。

虽然分享经济模糊掉了行业边界,使得很多人的社会身份发生了改变,从单一化走向多元化,很多人都可能存在多种职业和身份,不同身份之间的社会地位也许相差很大,但习惯上,他们仍然会选择向别人介绍自己的全职工作,或是自认为最得意的工作。大概这就是对集体的依赖和社会归属感吧。所以,分享经济要解决的下一个问题,便是为个体化工作模式中的人找到精神归宿。

有位网名为"卖糕的江小鱼"的微商,原本是清华大学的高才生,毕业后就职于一家央企,收入颇丰,只是单位里的竞争有些激烈。他很喜欢做菜,尤其热爱自己湖北老家的鱼糕,琢磨出了许多口味,同事尝了都说好吃。在电影《疯狂动物城》的诱惑下,他突然就想冒一次险。于是,他很利落地辞职,投入微商大军,卖起了鱼糕。很多人觉得他是一时冲动,丢了西瓜捡芝麻,他却认为自己找到了更合适的方向。

重构的劳动关系并不可怕,灵活的就业方式让人更多了几种身份。说不定有一天你打工不愉快,这些兼职的身份反而成为你可以理直气壮炒掉老板的资本。

互联网讲究扁平化

　　所谓扁平化管理，是指通过减少管理层、压缩职能部门、裁减人员，使企业决策层与操作层之间的管理层级尽可能少的一种管理模式。传统的企业管理模式就像一座金字塔，臃肿而烦琐，且内部存在很多问题和矛盾。当企业规模扩大时，企业应该做的不是增加其管理层次，而是增大管理幅度。

　　对于互联网企业来说，扁平状的管理组织形式应该是最直接有效的。领导层下达命令后，信息纵向流动快、执行力度大、管理成本低，而且可灵活协作，下层单位拥有充分的自主权。有人说，管理越少，越能够释放程序员、工程师们的创造力。给意见的领导少了，工作人员可以充分发挥自己的主观能动性，完成自认为最佳的作品。这种说法有一定的道理，不过，任何事都存在两面性。

　　确实，现如今大家都在探讨如何节约成本和提高效率，管理成本自然也是其中的一个方面。怎么用最少的人，做最多的事情，创建合理高效的管理团队，成了让 CEO 们头痛的事。

　　360 主张扁平化管理，小米也主张扁平化管理，相当多的互联网公司对于扁平化管理模式充满向往，但却不是所有公司都适合这种管理模式。适用于扁平化管理模式的公司，起码要有一个忠心且能干的基层领导团队，团队中的成员甘愿在企业扩张期埋头苦干，不然，扁平化管理就是空谈。因为向往扁平化的公司通常商业模式极其清晰，业务繁多，每个人的工作量自然会很大,公司对员工执行力要求也较高。如果管理成本很高的话,就不得不拆分部门,但又不想走"金字塔管理"。只好分别实行合伙人制度,比如一些大型咨询公司、投行,或是猎头公司等。

纵观互联网行业,管理人才相对匮乏,许多公司好像都缺少一个可以独当一面的人。做技术,大家争先恐后,谁也不差,若做管理,揽下整个部门的业务,左手客户,右手商家,还要做到让所有人都满意,颇有难度。

IBM(International Business Machines Corporation,国际商业机器公司)的最高决策者下达一个指令,基本上都要通过 18 个管理层,才能最终传递到基层的执行者手中。这样的公司就好像一只超级大的虫子,早晨你踩了它一脚,中午吃完饭,它才突然"哎哟"了一声。当然,IBM 的管理层庞大跟其公司的大环境与文化息息相关,我们不予置评。但是,中国的互联网相关企业如果走它的管理路线,恐怕能成功的寥寥无几。

一般来说,基层管理者能有效管理的下属不超过 15～20 人,中层管理者不超过 10 人,高层管理者不超过 7 人。由此看来,每位管理者可直接领导的下属数量都是有限的。老总是公司的一把手,掌握着全体人员的"生杀大权",在战略决策之外,他能直接管理的副总最多也就五六个人。这就要求 VP(Vice President,副总裁)和 SVP(Senior Vice President,高级副总裁)的工作合并同时减员,副总手下的经理和总监们再进一步扁平化,压缩成几个直接向副总汇报的团队高管,高管直接负责自己手下的一个团队。

这样扁平化的管理看似人员安排非常紧凑,效率也很高,但是,一旦发生突发情况,比如经理辞职、总监生病,在一个萝卜一个坑的模式下,萝卜没了,这个坑要怎么填? 实在没办法的情况下,只能请上级领导来暂时代理职务,那就出现管理成本增加的现象。因为同级的都是各管各摊儿,自己的工作加班加点都忙不过来,怎么可能再去兼顾别人的领域。

小米和 360 采取的就是扁平化的管理模式,公司把汇报方式一切从简,公司层级压缩再压缩,努力做到从基层经过三次汇报就能到达 CEO。

这样做执行效率是提升了,老总口令的下达也不容易发生偏移,但各层管理人员的工作时间无形地被拉长,中高层每天工作 12 小时、每周上班六天的情况非常普遍。

小米 CEO 雷军,给自己的定位是首席产品经理。因为他多半时间都在参加各种产品会,每周还要抽时间与 MIUI(米柚)、米聊、硬件和营销部门的基层执行者们沟通,就产品做深层次讨论,很多产品细节就是在这种会议中决定的。

雷军认为:采用扁平化管理模式是因为于小米相信优秀的人本身就有很强的驱动力和自我管理的能力。设定管理的方式是不信任员工的方式,但我们的员工都有想做最好东西的愿望,公司有这样的产品信仰,管理就变得简单了。当然,这一切都源于一个前提:成长速度。速度是最好的管理。

小米采用高度扁平化的管理模式并非雷军一人的决定,而是受互联网的倒逼机制压力所迫。在网络平台上,基层人员直接面对用户,他们获取的信息甚至比最高层还要多,是市场风吹草动的第一知情人。如果遇到问题按传统的架构和流程一层层汇报上去,等领导做出决策的时候,恐怕一切都晚了。扁平化管理能够让信息更快、更准确地在领导者和执行者之间流动,便于决策层随时对用户的需求和反馈做出适当的回应。

小米的产品研发和服务模式决定了它管理上的特性,那就是团队要灵活、决策链条要短、响应要快速果断。所以,传统的组织形式已经无法适应小米的快速发展,实行扁平化交叉管理,是包括小米在内的许多互联网相关企业的必然选择。

自组织

组织是指系统内部的一种有序结构。德国理论物理学家哈肯认为，从组织的进化形式来看，组织可以分为他组织和自组织两类。如果一个系统靠外部指令而形成组织，就是他组织；如果不存在外部指令，系统按照相互默契的某种规则，各尽其责而又协调地自动地形成有序结构，就是自组织。

自组织理论是于 20 世纪 60 年代末期开始建立并发展起来的，自组织现象无论在自然界还是在人类社会中都普遍存在。一个系统自组织功能越强，其保持和产生新功能的能力也就越强。例如，人类社会比动物界自组织能力强，其功能也比动物界高级很多。

管理学大师彼得·德鲁克在《二十一世纪的管理挑战》的著作中提到："知识工作者必须要自我管理，他们必须有自主权。"

团队内部的人在信息流方面有清晰的边界，懂得内部协作与洽谈其他组织单位和资源为我所用，为了完成共同的伟大使命，能够自我管理，使团队在合理安排的期限内保持稳定性，这就确保了团队的方向及组织目标，从而更顺利地完成任务。

《自组织和自适应的科学》的作者弗朗西斯·海拉恩认为，所有自组织系统都有以下特征：与集中式控制截然相反的分散式的控制，不断适应改变的环境，在局部相互作用下自然浮现出来的结构，肯定的反馈和否定的反馈，系统修复和调整的能力。总之，自组织有它内部的一些特定规律,它适用于许多不同的体系。

比如说,在地震来临前夕,蛇群出洞,狗不停吠叫,老鼠到处乱窜;海啸发生前,有深海鱼群滞留海滩等异常现象,还有鸟群、鱼群、藏羚羊群的迁徙等现象。这些动物成百上千,甚至成千上万,却能够以同步的方式完成迁徙或逃亡,仿佛有组织、有计划、有指挥一样,在避免危险和改变方向时,尤其显示出团队的自控能力。一群动物的自组织团队尚且如此强悍,何况人类呢!

我们身边的自组织团队虽然各式各样,但目前仍以互联网企业和软件企业为主。只不过,自组织是个持续的过程,它们必须以先认知后回应的方式不断进行改组,不断改变诉求,从而达到最适合自己存在的状态。每当组织发生变化时,团队里的各个成员都必须做出最快、最积极的反应,组织和团队都需要统一配合,共同完成目标。

由此可以看出,自组织的环境非常重要。一个组织要想进入鼎盛时代,必须有个可信赖的环境、开放的组织文化,以及非正式的组织结构。成员可以自由发表意见,同时结合别人的信息和意见,将自组织管理得更好。

自组织中的每位团队成员,无论做什么,怎么做,都必须跟团队中的其他成员保持一致,他们团队的工作要做到协调与同步。在多人的团队中,协调可以通过长时间相处慢慢培养默契来促成。至于同步,就需要沟通。时常沟通、定期交流,才能使团队中的每个成员不做无用功。

另外,相似点和差异点的微妙平衡也是自组织团队得以存在的关键因素。团队的个体之间,必须有基础的信任。当然,大家本来就认识,或者是大学同学,或者是一个项目组的旧同事,联合出来创业最好。知己知彼才能充分地分享相似点,有效地挖出各自的不同之处,在工作流程中求同存异,将团队的综合能力发挥到极致。

在自组织团队中,合作的形式可以多样化,团队合作之中也同样存在管理者或领导者。团队合作不是简单地个体效率叠加,而是在任务中充分利用团队里每位成员的长处,尽量避免让每个人去做自己不擅长的工作,这样就能百分百提高效率,保证成功。因为,平常的工作可能只是普通的 $1+1=2$,但是,有管理者参与、实行了叠加效应的团队,完全有可能发挥出 $1+1>2$ 的效果来。

自组织团队管理者应该给予团队员工足够的自由,让他们学会自我负责。自治与自制是一个强大的自组织必备的要素。

有研究者认为:管理人员应该通过项目的整体愿景来指导团队,而不是将实现细节的工作一股脑地扔给团队。他们应该相信团队可以为给定的项目场景找到最优的解决方案,对团队的信任会激发团队成员的主人翁精神,并且会培育创新。同时,管理者还要给团队一些空间,从错误中学习经验。从软件开发团队向自组织敏捷团队的转变并不是一蹴而就的,应为最初的学习和进行的试验预留一些空间,这样可以保证团队的技能得到更好地发展。

自管理

有些人觉得，自组织团队里的成员大多数都很优秀，且自控能力很强，他们不需要任何的管理。对于一些基本的要求，这些员工的确有很强的自控力。但是在更高层次的商业指导与高效协作方面，员工仍需要被有效地管理。

在新团队中，管理者的角色至关重要。他们不仅要对成员进行指导，还担负着协调内部矛盾、加强心理建设等任务。管理者需要指导自组织团队成员与客户保持高效的协作，还要保护他们在工作中自由发挥，不受高层领导强加的干涉，并且在大家协调性与合作度提高的同时，逐步将这些角色与职责传递给团队每位成员。管理者要想真正提升团队成员素质，还必须在实践上对成员做更多培养。

如果是相对比较成熟的团队，管理者要做的就是，确保团队能够持续保持自组织、自管理的一切优秀特性，让每位自组织团队的成员随时可以作为独立的个体，成为一个独当一面的人，保证他们在无人领导的情况下，仍然能够井然有序地完成工作，甚至面对一些突发事件或环境人事等因素变化时，仍可以应付自如。

身为自组织的管理者，在做团队权限范围内的决策时，必须要先考虑其职能问题。首先，要为团队设定方向。这是一个大方向，其中包括自组织需要达到的目标，当下的主要目的和任务。有的管理者的目光颇具建设性，他们会制订三年规划、两年成效、一年业绩，甚至还会细分出许多更小的任务,事无巨细,力求完美。但无论是多长时间的规划,都要求执行者针对这项工作做好组织支持的前期准备,将任务按结构进行划分,由自组织内部推选最适合的人去做这些工作,确定工作的实施标准,确保团队具有开展工作所需的资源和协助。

团队管理者还要做好工作过程的监控和管理,收集并诠释工作进行中的数据与各种资料,发现问题后应及时指出,必要时采取适当的纠正措施。在任务执行过程中,管理者除了从旁协助外,还要确保自组织团队成员有足够的体力和精力去完成任务,不至于因安排不合理而导致任务失败。

从头到尾,领导者与自组织团队之间的管理模式完全不是纯粹的约束。更多的情况下,自组织团队是在自己管理自己,领导者只是上通下达的桥梁,起到沟通交流的作用。

自组织更像一个连续体,无论这个团队处于哪个层次上,发展是否成熟,它都有其自身的问题。新的自组织经验不足时,需要管理者多指导,多给予参考意见。而当自组织在实践中具备了一定经验后,它有可能变得自满,自我约束和控制的能力下降,甚至失去判断力和自组织能力。此时,若没有领导者及时参与管理是很危险的。自组织必须进行持续地自我评估与自我改进,从工作态度、方式方法,再到效率,全方位持续改进。必要的情况下,还要加强学习,或者对自组织团队人员进行大规模洗牌。

常见的自组织管理团队有如下几种形式:

一、管理者领导的团队。这样的自组织仅授权团队成员去执行任务,而工作流程、规划环境和设定方向等则由管理者负责监控和管理。这有些类似于传统的项目管理团队,只不过形式更自由化、民主化。

二、自管理型团队。其团队成员不仅自身负责任务的执行,还要在完成自己手头事务的同时,留意周围人的工作进度,务必使整个国队的工作步调一致,不能因谁的一时疏忽拖了整个团队的后腿。

三、自规划型团队。领导者向自组织团队成员授权,让他们自己去规划团队,或者一并管理与他们运营相关的组织环境。这支队伍如果持续发展下去,大多数能成为真正的管理团队。

四、自治理型团队。该团队大多是公司董事会、合伙人或初创公司负责人。

自管理的各种模式还有很多,不可能全盘介绍。但有一点可以肯定,自组织、自管理的团队工作效率会更高。

因为,自组织团队是由跨职能的成员组成的,他们中的大多数各有所长,不仅能迎接新的挑战,还可以管理好自己及身边的人和事物,以适应项目、客户、技术及需求的变更。一个完全能够自我管理的团队,无论是在快节奏的竞争中,还是在千变万化的互联网世界里,其自我束缚的特性都能为其成功做好铺垫。

自管理团队一般都是由积极主动的人构成的,这些人不仅可以全身心投入任务当中,而且恪守对团队职责的承诺。他们有严格的自制力和高度的自治力,无须分派任务就可各司其职,更不必被持续监控和做人员评估报告。

自管理团队无须领导督促,自然懂得紧密协作,并适时与业务客户保持交流,就反馈信息进行频繁沟通,确保产品与应用能够很好地满足客户需求。团队成员还十分关注后续改进措施,不断提出新的业务解决方案,整个自管理团队具有很强的创新性与创造力。

自媒体

美国新闻学会媒体中心于 2003 年 7 月发布了由谢因波曼与克里斯·威里斯两位学者联合提出的"We Media(自媒体)"研究报告,里面对"We Media"下了一个十分严谨的定义:"自媒体是普通大众经由数字科技强化、与全球知识体系相连之后,一种开始理解普通大众如何提供与分享他们本身的事实和新闻的途径。"

这概念怎么看怎么觉得拗口。自媒体说白了就是一个完全属于你自己的小平台,喜欢写文字的,它就是你自己的电子报纸;喜欢播音或自拍的,那就是你独有的小电台。自媒体的拥有者可以借这网络的方寸小空间,隔三岔五地来段新闻评价,对现状发些评价,或是聊聊自己的生活,对爱情、对婚姻、对事业的看法。实在无聊,还可以"八一八"明星,侃一侃各地小吃,说说今天干了什么,遇到了什么新鲜事。总之,好吃的、好玩的、好笑的等,都可以与自媒体的粉丝们分享。你的这一份分享,很可能会成为十个、百个、千个、万个,甚至更多粉丝们快乐的源泉。

2011 年,微信上线后没多久,用户数量便破亿。基于微信平台的自媒体热度也一路狂飙,一度呈现出爆发式增长的态势,这一现象引得大量媒体与企业入驻微信公众账号。到 2015 年年底,公众号数量已经近千万。微信自媒体为什么能够如此火爆?

公众号作为个人或企业对大众的传播形式,首次出现在众网民面前,大家本着对新事物的好奇心理,发现公众号可以评论,可以反馈意见。你想关注它，只需要轻轻一点；不想关注了，马上就能取消。经过一段时间的阅读，大家很快找到了自己喜欢的公众号，这便是企业开展超强的精准营销的基础。而微信朋友圈起源于熟人社交圈子，同时朋友又有各自的朋友，以及不一样的圈子。这些圈子的穿插，让原本处在封闭和局限状态的人们忽然进入了社交关系病毒裂变性的传播阶段。

自媒体最先只是文字的呈现，之后又具有了声、画、视频交互传播的形式，这让微信公众号的内容更加精彩纷呈。当一个自媒体拥有了足够的粉丝，便可以将营销在移动互联网方面的应用发挥得淋漓尽致。这便是粉丝效应。

如果你是一个自媒体的发起者，为了不掉粉，每天必须勉励自己不间断地更新内容，与粉丝们互动，就好像朋友一样。这些粉丝了解你的喜怒哀乐，在你快乐时给你祝福，在你忧伤时给你安慰，甚至有钟爱你的粉丝会在特殊的日子里送给你惊喜。你也会不时地回复粉丝，你们的交流越贴近生活，越有亲切感，粉丝们越喜欢。当你的粉丝量达到几十万、几百万、上千万的时候，自然会有商家主动找到你，让你的公号为他们的产品做宣传，发广告，促使粉丝们点击、转发、购买。而此刻你的自媒体平台就开始有了经济效用。

微信中熟人点对点的即时性传播，其效果与朋友圈的延时性传播效果相似，目的就是让你所推广的产品被大家所知道，转发信息以朋友关系为纽带，最终通过一个良好的转化过程，将传播效果进一步深化。这便是微信时代的自媒体营销。许多自媒体发表一篇广告软文的费用根据粉丝量从几万元到几十万元，甚至百万元不等。而自媒体的赢利，也正预示着经营者的成功。

只不过，微信自媒体属于新生事物，各方面的管理并不到位，故而存在营销乱象。自媒体主要是个人化行为，开设账号的门槛较低，也没有完善的流程与体系，微信经营方也仅仅对公众号的拥有者实施身份认证。同时，经营方对公众号的监管力度不够，一些没有经过认证的信息经过传播,可能会给社会和人们生活带来不良影响。所以,那些不负责任的自媒体,反而对于新兴起的优质媒体的发展起到了阻碍作用。

自媒体原本更多只是用来表达自我情绪,或对生活、对人生的感悟,或对新闻和社会的评论等。它作为一种延迟性传播方式,由于加入了营销的成分,产生了一定程度上的质变,成了个人社交的核心使用工具。现在我们已经进入了"人人一手机,个个有微信"的时代。于是,微商这个身份便出现了。

许多电商和微商由于是小本经营,没有良好的实体承载和市场推广生态,只好将目光对准网络和微信息平台。稍微有点实力的商家就把精力倾注于低成本的自媒体营销,利用众销方式在朋友圈和社群发布广告。实力雄厚的商家会花大价钱买网红的广告软文,一掷千金只为博数万粉丝"回眸一笑"。当然,若没有收到良好的宣传效果,此自媒体很快就会被商家遗弃。

随着受关注的自媒体的增多,商家们发现,自媒体是块肥肉,尤其是正在蓬勃生长的自媒体,商家花不多的钱,就可以起到很好的宣传效果,于是不少商家便渐渐地寻找与自家产品风格相得益彰的合适自媒体作为广告商。

以微信公众号为代表的自媒体平台,已经过一番优胜劣汰,但目前大部分的微信营销模式还不成熟,微信自媒体仍然处在成长期,在移动端特性和精准营销这两个方面,未来还会有长足的发展。

随着微商市场的成熟化和规范化,自媒体平台的价值也会逐步得到市场的认可。自媒体终将成为移动端一道靓丽的风景,一个媒体行业的新起点。

解读：在行，让行家为你指点迷津

2010 年 11 月，嵇晓华（网名"姬十三"）创办了果壳网，借果壳网的平台推动"万有青年烩""菠萝科学奖"等跨界对话项目，打造出了一个优秀的科技知识社区，并获得挚信资本在内的几家知名风投机构的投资。

而创办知识技能分享平台"在行"的想法缘于嵇晓华在清华大学与几位教授和学生的交流会，交流结束后，他漫步在清华的校园里，一个思绪涌上心头：北京有这么多有才华的人、出色的知识分子、各行各业的精英，如果创建一个知识技能共享平台，让大家的智慧为公众所用，同时分享者也能得到相应的回报，这种模式会不会受欢迎呢？

嵇晓华发现，书本只能提供专业知识，却给不了毕业生走上社会遇到问题的答案。"我注意到大学生更需要具备社会经验的人士就如何挑选合适的工作给出相关建议。一对一的咨询，会为每位用户量身打造合理的建议，这一市场有着巨大的需求。而资深人士给出的真知灼见则为用户提供了捷径。"

想法是好的，但要如何付诸实施，还得做进一步探讨。在分享经济还是个模糊词汇的前几年，嵇晓华不知道怎样为游弋于在线论坛的网民们提供对口的咨询服务。

嵇晓华说："自 2014 年起，国内分享经济的崛起为我们奠定了一个坚实的基础，随着越来越多的用户选择租用私家车、在线购物，并且热衷于线上的模式，我们便推出了这项服务——知识分享。对陌生人的这份信任是推行这项业务的前提。"

2015年3月,"在行"正式推出,它是果壳网的付费制一对一经验交谈平台。本着术业有专攻、跟着行家少走弯路的生活经验,"在行"的逻辑就是帮助用户找到他们所需要领域里的行家,让用户通过与行家的交流,获取其渴望的经验和建议。

"在行"这个平台存在的意义,就是让求知者找到行家为他们指点迷津。而"在行"最初成立的时候,可以找来的共享资源非常少,有合作意向的100名专家都是公司员工的相识,员工们费尽口舌才让专家认可了这个新开创的网站。但是,随着"在行"的宣传与曝光,其业务量不断增加,大家慢慢了解并喜欢上了这个平台,申请者大量涌来,其中不乏各个行业里的专家教授、精英人士,或在某个行业里有特殊才能、可以给人指点迷津的人。

入驻"在行"的行家们未必都是传统意义上的专家或学者,却绝大多数在其擅长领域内经验丰富,在工作实践中积累了大量干货,可以与人分享。比如,在什么场合穿什么样的衣服,怎么搭配更适合自己;如何通过社交媒体等途径打造个人品牌;如何开一个咖啡厅;如何让宝宝少生病、更健康……

"在行"的行家们与用户分享的内容基本上都是需要用户付费的。就像最初"陪聊"这个职业出现时,唠嗑也要收钱有点让人不可思议一样,"在行"在推出之初,曾经引起过果壳网内部较大争议。主要是这种付费交谈的O2O形式太前卫,太新潮了,无论国内还是国外,都没有成型的产品可以借鉴,这条路能走多远,谁也不知道。投资人都非常质疑其经济效益有多大,成功率又能有多少。

为了说服团队和投资人,嵇晓华写了一篇名为《"在行"是什么?用共享经济,造一所"社会大学"》的文章,充分阐述了其产品理念。他还拉着内部团队员工在"在行"平台上"出售"经验,让他们亲自去体验。另外,嵇晓华还有两个项目在平台出售,分别是"创业项目早期实战分析"和"创业雏形期,如何少走弯路"。

为了保证用户通过付费业务真正学有所得,入驻"在行"的行家都是经过团队精心筛选的,这些人全是在相关垂直领域有较高知名度的专家人士。而且,"在行"设定了严格的遴选机制,在所有申请者中,能通过评选只有15%。嵇晓华解释:"不论你身处哪个行业,都需要证明自己是业内的佼佼者。当然,你别指望靠'在行'赚大钱。从事这项工作,带给我更多的是成就感,同时,你也能认识到众多来自不同背景的高素质人才。"

经过一年多的成长,"在行"平台上的用户超过了百万,目前已经有超过8000位行家入驻,其中不乏重量级大咖。截至2016年2月,"在行"网站上开通了北京、上海、杭州、宁波、广州、深圳、成都七大城市的行家分享业务。这些行家中有创投专家、心理咨询师、企业领袖、职场大咖、人气明星、知名学者、摄影师等,已经帮助数十万人改变了他们的工作与生活。

"在行"目前没有进行任何商业化的操作,约见双方也都没有抽取佣金。在这种单纯的模式下,双方的约聊也比较坦诚,少了许多功利的东西。有接受过指导的用户留言:"我之前的工作感觉一团乱,跟您聊过之后挺受启发,现在理顺了很多,相信以后会更好。"

目前,"在行"平台定价最贵的行家大概是约见一小时3000元,畅销书《社交红利》的作者、前腾讯资深员工徐志斌便是其中一位。而其他大多数行家的定价,都被"在行"运营人员建议为1000元以下。虽然对很多行家而言,回报与时间成本可能并不对等,但考虑到用户的承受能力,大家还是选择了切磋交流第一收益第二的方式。就像克莱·舍基在畅销书《认知盈余》一书中说的:"分享和创造的价值远胜消费。"

为了表彰嵇晓华在科学传播和知识共享领域做出的杰出贡献,世界经济论坛评选嵇晓华为"2016年达沃斯世界经济论坛全球青年领袖"。

嵇晓华表示,自己只不过是借行家们的手,为求知的人们铺平了他们面前的一条路而已。"首要任务是把'在行'打造成一个拥有更多专家的综合平台,所涉及领域甚至能够囊括你需要的各行各业。"

第八章

传统企业如何奔赴分享新经济市场

拥抱与借力

　　传统企业与分享经济短兵相接,初战之下就被新企业、新模式打击得不轻。痛定思痛之后,传统企业纷纷体验"互联网+",用尽全力来拥抱分享经济。其实,互联网就是一个杠杆,只要你前期工作铺垫得好,凭一个借力便会有大的成效。

　　还记得当年小米借力粉丝发烧友的光辉历史吗? 2011 年 12 月 18 日,小米手机首次开放个人用户购买渠道,当时规定每人限购 2 台,在 3 小时内售完 10 万台。第二次每人限购 1 台,在 3.5 小时内售完 10 万台。第三次预计出售 50 万台,还是每人限 1 台,9 小时内出售 30 万台。2012 年 2 月 28 日,小米手机电信版开始预定,仅仅 30 分钟,15 万台全部预订一空。为什么小米会有如此强大的销售力? 简单说就是,站在巨人的肩膀上,你才会离成功更近一些。

　　小米手机的定位就是对苹果有情怀,却又嫌苹果太贵的年轻人。雷军将小米手机定价 1999 元,连苹果手机的一半价格都不到,部分性能上却还有所超越。谁不愿意用普通手机的价格买一部高配时尚手机呀! 性价比深得人心,才是留住客户的硬道理。

　　何况,雷军还借鉴了苹果的销售方式,让小米手机的用户未见其形,先闻其声,充分做了售前预热。为了给消费者足够的想象空间,雷军制造了许多的悬念,还采取提前在网上预订的"饥饿式"营销方式,吊足了大众的胃口。

最关键的一点是小米的粉丝。这是一群热爱小米手机，热衷小米应用的手机控、发烧友。从"米聊"推出那刻起，雷总便已经认定了粉丝战略，他广开言路，积极与"米粉"互动，听取他们的意见和建议，还鼓励"米粉"们发言，积极提出产品改善建议，如果建议被采用还会有奖励。一路聊下来，竟有200万"米粉"忘我地参与着小米事业的建设，而且有不少"米粉"后来成了小米公司的正式员工。

"米粉"们参加小米同城会，一起交流不仅提高了用户的黏性，还给小米做了免费的口碑宣传。小米手机不但是高配低价，其系统更是精益求精。粉丝积极地参与互动，有170万粉丝在积极地对MIUI提出修改意见，而小米每个礼拜五都会更新一次系统，这一举措更是感动了粉丝。

总之，小米的战略就是：手机占领客户的口袋，系统占领客户的脑袋。拥抱粉丝，各种借力，这或许就是小米成功的原因所在吧！

再来看看眼镜行业排名第一的陆逊梯卡（Luxottica），它是全球第五大奢侈品集团，旗下有三十多个奢侈品眼镜品牌。2015年年底，陆逊梯卡携众品牌加入美团点评"123购物趴"，成为购物节上一抹靓丽的风景线。

陆逊梯卡的这次O2O模式试水，足见传统企业哪怕是大牌公司也开始探索品牌数字化引流模式，拥抱互联网平台，实现线上线下的优势互补。据说购物趴当日的测试活动覆盖近30个城市、1000家门店，足见其创造眼镜类目的O2O服务价值的决心。

传统品牌借力O2O模式加快数字化进程，已经成为现在传统企业力求再发展，甚至是自保的不二选择。虽然网上销售存在一些泡沫或伪需求，但爆品的市场效力惊人。只要运作得好，任何一款爆品都能充分发挥出它的冲击力，吸引大量的粉丝，不仅仅让客户爱上爆款，同时与爆款同品牌的其他产品也会被带动起来，实现销售额大增。

尤其是以陆逊梯卡为代表的眼镜行业，不像衣服有明确的尺寸和标码，若是镜框和镜片选不好，将直接影响视觉效果。所以，线下验光、调整、试戴这些必不可少的环节，半点儿不能省。而且，类似服务在线上也无法实现,这种模式刚好可以让消费者线上选商品,线下体验服务。

客户在网店里浏览到自己心动的眼镜之后,可以去实体店试戴,选择喜欢的颜色,如果试戴效果满意,就可以当场验光,将眼镜调整到最合适自己的状态,然后使用支付宝付款,交易完成。整个过程简单方便,如果客户有什么意见,直接在电商的平台里写下来,反馈给客服人员,企业的相关人员会对客户的反馈做出及时有效的回应,比直接去店里来回跑省事得多。

从传统经济到分享经济,从电商化运营到"互联网+",有兴就有衰,有企业成长壮大,自然也会有未能抓住时代脉搏的企业倒下。既然传统商家走上网络已经成为一种必然,何不及早给自己重新做个定位,重塑全新的企业形象,提前做好准备,稳立于时代大潮中,迎接下一轮的市场繁荣呢?

美团网创始人兼 CEO 王兴,在参加 2016 年中国"互联网+"峰会时说过:"不管手机 APP 速度多么快,菜好吃才是关键。我们不会去开餐厅和酒店,但是我们希望跟最好的餐厅、最好的电影院、最好的酒店合作,它们就可以少操心互联网的事情,我们可以服务于它们,它们可以把主业做好,把饭菜做好。"

在王兴看来,合作共赢,借鸡下蛋,没什么不好,创造全新的价值空间才是 O2O 模式发展的重要核心。美团点评网作为中国最大的 O2O 平台,对于"互联网+"有绝对的话语权。网络飞速发展,人们之间的沟通变得异常简单,城乡距离缩小,地域差异缩小,信息传播力越来越发达,人们的生活和消费观念也发生了重大的改变。产品再便宜,只要质量不过关,被用户在网上批得一无是处,想要打翻身仗,可就难上加难啦!

众多的传统企业争相电商化,可谁掌握了市场的先机,谁先领悟了追随"互联网+"的意义,谁先改变了服务模式和旧有的发展思路,谁才是真正悟到了分享经济的门道。

合作与并购

近十几年来,互联网的普及改变了很多东西。大家谈到互联网就认为它是一场颠覆,其实不然,互联网出现的目的并不是要推翻什么,它给我们带来的更多的是利益。

书信被电子邮件代替,原本在路上要走几天几夜,还有可能会走失的一封家书,现在只需要被输入电脑,再输入正确的邮件地址,轻触一下发送键,对方立刻就收到了。省笔、省纸、省时间,还节省了邮递的一切手续。如此一来,邮递员是不是就减少了呢?错,邮递员不送信了,还可以送快件。"互联网+"让各电商、微商大行其道,仅仅几年间,快递公司和快递人员数量以几十倍、上百倍的增速扩张着。

互联网带来的方便无处不在,人们可以足不出户就把吃的、玩的、用的都搬回家。"互联网+"平台之所以无所不能,就因为它四通八达的渠道关系,以及各种各样同行或跨行业间的合作。在网络空间里,要尊重你的对手,他们很可能有一天也会成为你的合作伙伴,与你并肩抵御经济危机的侵袭。

"互联网+"强调的是合作精神,分享经济的目的正是要通过整合资源、取长补短、精诚合作、必要的并购等方式,共同谋求未来。

我们已进入信息时代,在大数据的模式下,购买服务的渠道发生着变化,人们可选择的范围更大,选项也更多样化,这也同时要求服务好、质量好、销售与售后渠道一条龙企业的出现。我们的客户已经聪明到同等价位比质量,同等质量比价格,比完外观比售后,比完服务再比反馈,直到挑到让自己满意的商品,网络上的商品那么多,总有一款适合自己。客户选择的结果,也正是电商、微商们优胜劣汰的过程。

外部环境瞬息万变,借第三方平台之力打造自己的品牌,似乎比企业单枪匹马去拼搏,在市场厮杀出一席之地容易得多。与有 O2O 实践经验的领先平台合作,借力造势,可以让自己飞得更高、更远。

现代企业应以"互联网＋"连接传统服务行业,用网络技术做驱动,提供全新的销售渠道,让传统企业搭载 O2O 的快车,接触成熟的消费受众群体和粉丝团队,聚合营销平台,使共享资源为己所用,创造出新的价值。传统企业不再需要亲自建设相关网站、维护 IT 系统、打理电商等,只需要找棵大树精诚合作,"＋"一下,便可以用最低的成本完成 O2O 模式的完美升级。

例如阿里巴巴,它给予商家的就是技术和平台,以共享的方式,让更多用户享受到便捷的服务。阿里巴巴为企业提供舞台与音响设备,而商家本身相当于一位舞者,舞台非常大,观众也很多,但是要怎么跳出自己的水平,不让观众半路散场,牢牢吸引观众的眼球,使他们为你的舞蹈欢呼叫好,那就要看企业自己的本事了。

阿里影业董事局主席兼 CEO 俞永福曾经在一次演讲中调侃创业,说:"每一个男人的内心都有一个成为武林大侠的梦想,说到武林大侠会让人想到两个关键词:修炼、战斗,其实每一个人都在广义的创业环境之中,每个人每一天都在修炼,都在做自己的业务,把业务从 0 做到 1,从 1 做到 10,从 10 做到 100。这样一个过程之中,过去很多年驱动我们的八个字对我们影响很大,也是今天分享的视角,就是'仰望星空,脚踏实地'。因为所有的修炼最终的结果很可能是'输在格局,赢在细节',如果方向错了,付出再大的努力都等于 0,这个修炼过程很重要。"

俞永福表示,阿里和阿里妈妈未来一段时间内主要要做三件事:脚踏实地把阿里妈妈的媒体矩阵充满;让原来传统的经典产品永恒;围绕新产品、新用户，做好商品生命周期。俞永福说："为了丰富阿里妈妈平台的媒体矩阵，阿里主要通过投资、合作和并购三种方式推进。过去一年在整个媒体矩阵的丰满上，估计大概花了 200 亿到 300 亿美元。"

  并购风是从 2013 年开始的，仅一年间，中国广义互联网行业共发生并购交易 317 起。2014 年之后，强势并购与合作的势头有增无减。百度用 19 亿美元收购了 91 无线，又斥资 3.7 亿美元收购 PPS 电视软件；阿里巴巴花费 5.86 亿美元，以合作方式入股新浪微博，又豪气出手 28.22 亿港元入股海尔电器；苏宁 4.2 亿美元收购 PPTV 网络电视；腾讯 4.48 亿美元入股搜狗；阿里联手云峰基金 1.7 亿美元收购中信 21 世纪公司等等，这些都昭示着通过强强联手，兼并重组竞争优势将进一步增大，而实力较弱的互联网企业，犹如逆水行舟，不进则退。所以，为了不被淘汰，当代的互联网企业必须找个合作伙伴，先让自己强大起来。

如何分享你的资源

分享谁都知道，就是"人人为我，我为人人"。比如，马上要过中秋节了，你有一坛子酒，却没钱，买不起肉。怎么办？你是准备就着高粱饼子或是野菜粥，来自斟自饮这坛美酒呢，还是打算拎着它去村口的王屠户家与之共享？

没错，你具有分享经济的前卫头脑。把酒拎到王屠户家，他可能会好菜端上桌，与你不醉不归，但也可能人家戒酒了，或者他家里也同样有好酒，在摸不清楚对方是否有需求的情况下，你的分享就会没有价值。最好的方法不是单一的交换，而是把酒带到集市上去，分成若干份，你可以与卖肉的交换一点肉，再与卖菜的交换些菜，再交换些馒头或米面之类，最后一份留给自己。只有这样，你和其他参与分享的人才能各取所需，你的分享之物也才实现了它最大的价值。如此，才是分享资源的真谛。

当今社会的年轻人，谁手里没有几件闲置物品？扔了吧，太可惜；不扔，又占地方。殊不知，你的闲置物品虽然自己用不上了，却很可能是别人一直想要却求之不得的。又比如，你可能比较熟悉某个领域，只要动动嘴皮子，或者在键盘上敲打几下，把自己的经验总结出来，需要的人可能就会少走很多弯路，而你也会因此得到自己应得的回报。这样双赢的分享，何乐而不为呢！

例如你有一辆汽车，每天开车去公司，假设你自己一个人上班，来回的油钱是 60 元左右,而在注册打车软件之后,接到了同路去上班的第一位乘客,即使他(她)乘坐你的车仅需要支付 20 元费用,可能比打出租车费用的一半还少,那也有人与你一起分担了部分油钱。途中如果你再拉第二位、第三位乘客呢?一般五个座位的汽车,只要每次与人分享三个座位,就可以完全不用考虑上班的油耗问题了。

例如你自己买的或租的一套公寓,有没有空出来的房间?哪怕是一室一厅的小房子,客厅的沙发都可以用来分享。只要注意安全、价格合适,没什么不能分享的。不然,怎么会有去异地旅游专门睡人家沙发的"沙发客"?这种群体的存在,说明了它有市场需求。

再比如,你有一书房的书籍、一衣橱的衣服、一车库的玩具,哪怕是一瞬间的好主意,都可以拿来与人分享。那在哪里分享呢?

首先,你要找到合适的分享平台。比如,你是一位有车族,想要与人分享空座位,就得在相应的滴滴打车、友友租车、天天用车之类的平台进行注册;你家里有空房间想出租,你便可以在"小猪短租""木鸟短租"这些地方做个房东或二房东;如果您是一位医生,业余时间可以在"家庭医生"网站上注册个账号,在空闲之余解答用户一些基本的医学问题,既方便了别人,又提升了自身价值,何乐而不为呢!

有位投资经理工作很忙碌,业绩也不错,但一场经济危机导致投资公司倒闭,这位投资经理也随之失业。在对自己的资源做了番分析后,他把自己的名牌车挂到汽车出租平台上,每周出租四天,每天租金为 500 元。他家的房子在北京的四环附近,于是,他又将两个房间拿出来放在短租平台上分享。因为赋闲在家,他除了为身边的朋友和自己打理些投资的事情,还学会了做一手好菜。周末,他偶尔在家里开个私房菜聚会招呼朋友们。等到后来有了出租厨师这个临时职业,他又在网上把自己的厨艺分享了出去。"在行"上线后,他也成为其中一位挂牌的投资经理,偶尔与客户约出来谈一谈投资,给对方提供些有参考价值的意见。他还很会养鱼养花,便在一些休闲类网站与大家分享饲养心得。

曾经的投资经理，如今有了这么多的身份。他可以是房东还兼做租车业务，他也是兼职的厨师、花匠、养鱼指导，此外，还是专业的投资经理，继续维护着为数不算太多，但很相信他的客户们，可谓分享资源的成功案例。

让生态布局连接一切

生态指的是一切生物的生存状态,以及生物之间、生物与环境之间环环相扣的关系。而互联网行业的生态是什么? 就是能够基于本体业务优势,实现行业间的互补,从而达到行业整合的目的。

从多年前上网用内置猫、56K 的速度拨号连接,到后来的 ADSL 拨号上网,再到现在的光纤宽带,家家有路由器,手机、笔记本随时随地都能连接 Wi-Fi,我们的互联网发展经历了质的飞跃。最早的网站是静态的,没声音、没广告、没弹屏,而现在的大多数网页都丰富多彩,广告弹屏蹦啊蹦,大有你不点它就死活不走的架势。

网络彻底改变了我们的习惯,只要鼠标轻轻一点,喜欢的东西就算在天涯海角,也会快递到眼前。有人说,中国是最大的消费市场,若没有庞大的网民队伍和血拼的网购大军,哪里能催生并养活这些互联网巨头。

我们来简单剖析一下马云领导的阿里巴巴集团。其经营的业务种类繁多,有淘宝之类的普通购物网,有阿里巴巴国际交易市场之类的面向海内外的批发零售网,有阿里云服务器大规模分布式计算系统,还有蚂蚁金服网上理财与支付系统,以及菜鸟网络这种极速到货的物流平台,这些领域几乎涵盖了大众生活的所有细节。足见马云是位多么有远见的决策者,他的阿里商业帝国生态圈已经在逐步完善了。

2015 年以来,阿里巴巴一连串合作与并购的大动作,又把许多行业涵盖了进来。阿里巴巴并购苏宁,与联合利华成为战略合作伙伴,成立阿里体育集团,收购优酷土豆,阿里巴巴 E-Auto(阿里巴巴集团与上海汽车集团股份联合打造的一款互联网汽车产品)正式冠名国际足联俱乐部世界杯,并以 20.6 亿港元收购南华早报集团,2 亿美元收购豌豆荚。

阿里的生态布局在一步步扩大,其跨行业的扩张不局限于国内,而是放眼全球进行资源整合,眼光扫过每一个新兴的行业翘楚。很明显,这是要完成跨国的全行业一体化商业帝国的建设进程。

让生态布局连接一切,这一点小米做得也特别好。小米堪称生态布局的传播者,从手机到智能家居,从电子产品到平衡车,从空气净化器再到航拍无人机,在 MIUI 系统的整合下,小米走的是一条智能化科技产品生态链之路。

在 2016 年春季沟通会上,雷军宣布了小米生态链的几项数据:

一、自两年前小米生态链计划启动以来,小米已投资 55 家创业公司;

二、小米生态链中七家公司年收入过亿元,两家突破 10 亿元;

三、小米生态链产品已获得 28 项国际设计奖;

四、2015 年,小米销售额增长 220%。

所有的成绩都预示着小米在从做手机到形成独立的生态链品牌中,雷军正带领他的团队走向新的成功,亦是新的起点。

2016 年,雷军说:"小米是移动互联网时代最早启动建立生态环境的公司,经过五年努力,小米的牌都摆到桌面上了,今后五年的主要任务就是优化平台生态业务。"

小米的移动互联生态圈目前由四大板块组成:智能硬件(手机、智能家居)、互联网内容(游戏、影视等)、互联网服务(云服务、大数据、网络金融)、小米网与国际拓展。要整合和打通整个生态圈,小米还需要继续努力。

百度创始人李彦宏,曾经在百度 2015 联盟峰会上提出与创业者合作的"三不"思维,即不谋求控股、不划分阵营、不怕用户被洗。其实,这又何尝不是一种生态发展的思维呢？2015 年百度领投了 16WiFi,这是一款为公交乘客提供免费 Wi-Fi 服务的应用软件。李彦宏认为,百度目前要做的是,利用大数据为网民提供更多更好的服务,采取技术的手段来构建连接人与服务的生态圈。

阿里注重产业布局,小米注重行业布局,百度更看重布局的深度。巨头们在生态布局的角斗场上百家争鸣,各显神通,丰富了广大网民们的生活。

解读：全食超市，以"有机"谋分享

　　全食食品超市可谓是个老牌的传统企业，其主要创始人约翰·麦基出身贫寒，他在得克萨斯大学读书时，曾经在一个素食者公寓打工，因自己也是常年食素，因此对这方面的市场很感兴趣。1978 年，经过一段时间的调查与研究，麦基与女友哈迪利用向亲戚朋友借的 4.5 万美元，在奥斯汀开了一家名为 Saferway 的小店，以出售安全、健康的有机食品为主。

　　他们吃过很多苦，却了也积累了不少经验。两年后，麦基的小店不断扩大，为进一步占领市场，小店与克拉克斯维尔天然食品商店合并，更名为全食超市。

　　刚开始的全食超市面积并不大，仅有十几个员工和有限的供货商，但在当时已经可以称得上业内的大哥。可惜的是，开张不到一年，全食超市所在的地区遭遇洪灾，超市损失约 40 万美元。正是这场天灾，让麦基体会到人情的可贵，他更加重视债主、供应商、投资者和消费者的利益权衡，更懂得分享与关爱。

　　自 1984 年起，全食超市以前所未有的速度成长壮大，先是在得克萨斯州开了很多家新店，后来大踏步扩张到全美国，甚至全世界。到目前为止，已拥有将近 300 家门店。在网店和微商大行其道的当下，不少实体店与超市被挤得没了立足之地，全食为何能屹立不倒呢？简单说，麦基占尽天时、地利、人和。

　　麦基非常重视团队协作，他建立了一套基于授权的管理模式，用相对民主的方法来治理他的超市帝国。这便是他的人和。麦基说:"我坚信协作的力量。一个团队真正实现了无私并共同努力,就不会轻易地被打败。"

在有机食品已经成地球人大爱的今天,作为全美国最大的有机食品超市,全食超市以它得天独厚的优势,以及老牌传统企业诚信、细致、服务周到等特点俘获着新老客户的心。这就是地利。

虽然全食超市店中的宣传以及官网信息上非常推崇各种有机食品,可如果认真看标牌就会发现,实际上全食超市里的东西分为两大类,一类是真正的有机食品,另一类则是市场上的常规产品。两者之间的价格有20%左右的差距,这种差异,只有客户亲身体验过才会知道。

全食超市有一套所谓的"责任种植"评级体系,无论是生产生鲜蔬果,还是鲜花等产品的农场,都可分为"好""更好""最好"三个等级。长达20页的"责任种植"评分体系,包括:禁止使用转基因种子或其他转基因产品,禁止用污泥作为肥料,在农药使用方面必须遵守限制等。而未达到这三个等级的产品,则用显眼的标签"unrated"(未评级)立在商品堆头,让消费者一目了然。

至于天时,就需要商家有双明察秋毫的眼睛去捕捉了。随着网络的盛行,分享经济深入人心,麦基意识到只有生活中的宣传是不够的。几页海报的纸能有多大的宣传效果?一位客户宣传的话能传多远?作用都太有限了。不像互联网,任何有意无意地搜索都能找到,而且宣传成本相对比较低。对于各种有机食品对身体的益处,全食超市会不遗余力地在它的网站与公众平台上进行推广介绍。普通的网络宣传未必能牢牢抓住客户的心,于是,全食超市的决策层想到了爆品引流这一招。他们时不时推选出几款"更好"或"最好"评级的高价商品,以超低价出售,让大家都参与体验,感受到商品真正的好。

全食官网经常会分享一些类似"关于如何避免转基因食品的指南"等客户食品安全常识。大家通过这些文章,知道了怎么选择纯绿色食品及无抗生素、激素的肉类。关注官网,既能掌握知识,又可收获健康,网站信息自然倍受顾客青睐。

2014 年 9 月,全食超市展开与共享物流配送公司 Instacart 的全面合作,在美国 15 个城市实现一小时到达的配送服务。在零售业谈共享经济,大多少不了提 Instacart。因为这家为顾客提供日用杂货采买与送货服务的公司,自 2012 年成立,仅仅两年多,就拥有 20 亿美元的估值。与 Uber 异曲同工,Instacart 利用社会化人力跟大型超市等实体店合作,签约独立采购员,在顾客手机下单后,由顾客附近的签约采购员接单,去超市采购商品,之后送货上门,顾客付费,完成订单,顾客做出评价反馈。

此次与"超市搬运工"Instacart 的合作,使全食的客户平均采购量迅速上升到之前的 2.5 倍,每周销售金额比以前增加了 150 万美元。这标志着全食超市从传统企业向新经济模式的转变,随之而来的内部改革与外部调整,使全食很快便稳稳地站在了分享经济的潮头。

2015 年 6 月,全食超市牵手 DoorDash 快递服务,开始了它新的分享经济之旅。DoorDash 设立了专门的网站和手机 APP 平台,还聘请了类似 Uber 的专车司机,司机都是合同制,自带汽车或自行车。他们可以根据自己的时间和位置自由接单,为客人提供送餐服务。通过 DoorDash 的快递服务,全食超市那些美味又便宜的快餐和食物将源源不断地被送达城市的每个角落,而且,消费者只需要支付五到七美元不等的超低快递费。

可见,全食超市算得上是古老的传统企业奔赴分享新经济市场的一个成功案例。相信在不久的将来,还会有更多类似的转型案例出现,让我们拭目以待吧。

第九章

大分享下的政策趋势

分享经济"肆虐"两会

2015 年 10 月底召开的党的十八届五中全会，在公报中明确提出了"发展分享经济"的决议。这是"分享经济"第一次被写入我党的全会决议中，这标志着分享经济已被正式列入党和国家的战略规划之内。

与会人员都认为分享经济具有很多优点，尤其是它的节约性、便利性、效率性、环保性等。引导其发展并不需要投入新的生产要素，只要将大家未曾发现的闲置资源利用起来，唤醒原本沉睡的经济要素，使之加入经济运转大潮，相当于零成本也能带来收益，是绝对的高度节约。由于分享经济里的各项资源都是早就存在的，分享反而让维护成本大大降低，所以拥有资源的人也大多愿意提供分享的便利。分享经济的效率就更不用说了，参与分享的人越多，资源越丰富，效率自然越高。

分享经济的环保性就在于它不需要额外的资源投入。你有一辆私家车，一个人开车去上班，油耗和污染排放是固定的，如果充分分享汽车上的座位，坐满五个人，油耗不会增加多少，但污染排放相对于其他四个人分别去打车而言却少了许多。在这个空气质量日益变差的环境下，节能减排变得异常重要。

另外，分享经济让闲置的可分享资源有了新的价值，产生了新的财富流通渠道，不仅为参与分享的一方提供了便利，节约了花费，还为分享资源的一方增加了收入来源。这绝对是两全其美的好事。

只不过，很多可分享的沉睡资源都处在传统经济的羽翼下，我们必须打破旧的体制机制障碍和利益藩篱,才能将它们释放出来。这条路还很长,我们要做的也还有很多。比如,打破原有的传统管理思维与模式,构建新型广泛参与的治理体制。再比如,加强网络环境的有效治理,保障分享经济的公共安全等。

2016年3月5日上午,国务院总理李克强代表国务院向第十二届全国人大四次会议做了近两万字的政府工作报告。其中指出:"当前我国发展正处于这样一个关键时期,必须培育壮大新动能,加快发展新经济。要推动新技术、新产业、新业态加快成长。以体制机制创新促进分享经济发展,建设共享平台,做大高技术产业、现代服务业等新兴产业集群,打造动力强劲的新引擎。支持分享经济发展,提高资源利用效率,让更多人参与进来、富裕起来。"

据不完全统计,仅在2015年,中国分享经济融资额近19560亿元,参与分享经济活动的总人数已经超过五亿人。这个市场主要集中在六大领域:知识技能、房屋短租、交通出行、生活服务、金融、生产能力。因此,2015年被称为"分享经济元年"。

很显然,分享经济热已经"烧到"全国两会。2016年2月28日发布的《中国分享经济发展报告2016》(下简称《分享经济报告》)指出:2015年分享经济领域参与提供服务者约5000万人,其中平台型企业员工数约500万人,约占劳动人口总数的5.5%。保守估计,参与分享经济活动总人数已经超过5亿人。分享领域的参与范围迅速拓展,从在线创意设计、营销策划到餐饮住宿、物流快递、资金借贷、交通出行、生活服务、医疗保健、知识技能、科研实验,从消费到生产,分享经济已经渗透到几乎所有的领域,一些领域在短短数年间就涌现出数百家分享型企业。未来五到十年,这一市场有望继续快速成长。

《分享经济报告》还提出,尤其是在分享经济发展初期,多数企业和产业发展仍处在探索创新阶段,政府可以在建立和完善补位性、底线性和保障性的制度和规范等方面多做一些工作,如及时修改已经明显不适用的法律法规,研究制定以用户安全保障为底线的创新准入政策,尽快完善适应新业态发展的社会保障机制。

这一点与李克强总理在十二届全国人大四次会议上的发言不谋而合。政府的意思很明确,就是要支持这种资源共享基础上的崭新经济模式。分享经济运用技术力量实现了资源的优化配置,将闲散的生产要素进行整合再利用,不但减少能源消耗,还填充了各领域和细分市场的生产要素空缺,让社会协同合作更有效率,也为"大众创业、万众创新"注入了新的活力。

总理在政府工作报告中谈到的,最让老百姓振奋的信息之一就是"互联网+政务服务",即"大力推进'互联网+政务服务',实现部门间数据共享,让居民和企业少跑腿、好办事、不添堵。简除烦苛,禁察非法,使人民群众有更平等的机会和更大的创造空间"。

随着"互联网+"走进政务带来的信息采集和监控网络的完善,大大舒缓了信息传递的资金成本、人力和时间。无论企业还是个人,去政务服务部门办事的效率都得到了提高。

总理报告还提到:要鼓励企业开展个性化定制、柔性化生产,培育精益求精的工匠精神,增品种、提品质、创品牌。采取兼并重组、债务重组或破产清算等措施,积极稳妥处置"僵尸企业"。为完善财政、金融等方面的支持政策,中央财政将安排 1000 亿元专项奖补资金,重点用于职工分流安置。

大刀阔斧砍掉旧的糟粕,让"僵尸企业"彻底退出历史舞台,把更有潜力、有朝气、有品牌精神的企业扶上马。企业是国家的经济命脉,在分享经济的大环境里,为有工匠精神的企业提供尽可能多的成长、壮大空间,助其上位,何尝不是在振兴民族经济?

2016 年 3 月 3 日,腾讯 CEO 马化腾在两会期间大胆预言:"分享经济将成为促进经济增长的新动能。"随着科技的发展,生产力的快速发展和社会财富的快速累积,经济过剩成为全球新问题。经济过剩带来了经济剩余资源,在企业层面体现为闲置库存和闲置产能,在个人层面则表现为闲置资金、物品和认知盈余。分享经济,恰恰是一种通过大规模盘活经济剩余而激发经济效益的经济形态。分享经济借助创新平台,以更低的成本和更高的效率实现经济剩余资源的供需匹配,达到了"人尽其能,物尽其用",通过大规模盘活经济剩余而激发新的经济效益。

从总理报告、两会精神到代表们的意见,再到腾讯公司 CEO 马化腾的记者发布会,分享经济一下子成为"肆虐"两会的重要话题。总理睿智地指出,分享经济已经来到时代的风口,我们必须支持分享经济发展,提高资源利用效率,让更多人参与进来、富裕起来。

市场监管是个问题

分享经济作为新生事物，很多人对它并不是很了解。它到底存在哪些问题？要怎么监管？这些都需要做进一步的探讨和研究。

所谓分享，说白了就是租赁，是产权的部分转让。只不过，分享的费用比平常产权部分转让的费用低。互联网的飞速发展，特别是移动网络的兴起，使海量的分散化闲置资源得以分享，加上现代信息技术的整合，满足了人们的多样化需求。分享的主体是公众，基础是平台，目的是获取经济收益，而属性则是闲置的一切。比如，闲置资金、闲暇时间、闲置物品、闲散劳动力……

这么多闲杂的东西，一拥而入冲向市场，应该怎么监管才合理呢？每个新兴行业的产生和发展，都要经历一段磨合期，它要学会暂时适应旧的习惯与制度，不要害怕被拒绝或被抗衡，直到新的制度出现，并随着行业的发展而不断完善，那时这个新兴行业才能进入上升期，其发展的路才会越走越成熟。

最早汽车出现的时候，严重冲击了马车的生意，大家纷纷抗议不准汽车上路，当地的法律也限制了汽车行驶的速度，而最终汽车这个"钢铁怪兽"还是存活了下来。如果没有当初汽车公司的坚持和市场监管制度的不断完善，我们今天怎么可能会有汽车这种舒服又快捷的交通工具呢？那时的政府若是扼杀了汽车的使用权，我们现在要去什么地方还是坐在颠簸的马车里，带着好几天的干粮和快要散架的身体一路前行。

分享经济可以这样玩

　　有挑战，才能有创新；有质疑，才会有进步。即使是遇到利益受到冲击的行业与组织为了自保而群起攻之，分享经济模式下的企业也不必慌乱，要先稳住自己，让市场需求说话。

　　没错，淘宝的成功拉低了实体销售渠道的利润，打车软件的扩展也严重影响到出租车司机们的收入，但市场爱极了这样的模式，它们让消费者实实在在地节省了人民币。适者生存，不适者将会被市场所淘汰。与其临渊羡鱼，不如退而结网。不断适应新环境，传统经济模式可以走出一条与分享经济相辅相成的路。

　　分享经济可以扩大供给总量、促进收入增长，还可以通过各种方式提升消费者购买能力，积极培育新的消费增长点。由此看来，它对宏观经济的作用很大，对供给侧和需求侧都有重要影响。最特别的是，分享经济借助创新平台，用更低的成本和更高的效率做基础，实现了经济剩余资源的供需匹配。从某种程度上刺激了市场需求逐步扩大，成为国家经济增长的新动力。目前，我国的分享经济正处在爆发期，新生企业数量呈现明显增多的趋势。

　　以滴滴专车的服务模式为例。之前，交通部就专车与出租车间的摩擦事件向网民们做了意见征集。问题主要有：专车是否应作为新业态纳入管理；传统巡游出租车经营权的改革问题；专车与传统巡游出租车驾驶员的从业资格管理问题；出租车和专车这两种业态是否应当实行数量调控；从事专车的车辆条件和标准问题；等等。

　　这次征集的背后，不只是讨论专车如何合法过渡，更像是撕开了传统行业改造的一个大口子，直问政府监管的边界究竟在哪里？怎么才能实现相关者的利益最大化？

　　2015年10月10日，交通运输部运筹帷幄了近一年，终于发布《关于深化改革进一步推进出租汽车行业健康发展的指导意见》和《网络预约出租汽车经营服务管理暂行办法》。新规不仅为出租汽车行业开了部分绿灯，还给了专车合法的身份，尽管人们对新规有争议，它也并不十分完善，可新规却成为全球第一个全国性的专车监管法规。

滴滴之类的打车软件和出租车集团的利益之争在于，优化后的服务打击了原市场占有者。当政府介入后，双方之争就变成全力推动出台对自己有利的政策。分享经济走的是一条比传统经济发展更快、扩大更迅猛的路，所以，在发展途中被排斥，出现与传统企业的利益冲突，都是再正常不过的事。而优化立法和监管变得异常重要。

有专家认为，分享经济中市场监管的主要力度要放在产品质量上，其实不然。淘宝发展之初，市场也非常混乱，假货、次货充斥。可随着市场的成熟，那些以次充好的产品被用户差评后，不但失了复购率，还会丢掉许多潜在客户。那些不想因诚信问题而被淘汰的企业，便开始主动提升自己产品的质量，这便是企业或市场成熟的标志。

腾讯公司法务部总经理江波说："分享经济企业在高速发展过程中面临政府监管问题和参与者权益保护及平台责任问题。前者包括准入机制问题、政策引导问题、标准设立问题等，而后者包括法律及司法实践关系如何界定，消费者权益如何有效保护，审核和注意义务的程度如何把握和认定等问题。只有加强政府、行业和企业的协同治理，才能破解分享经济发展中遇到的难题。"

江波认为，市场的监管可以分为三个层面，每个层面又分别有不同的侧重。企业方需要逐步建立和完善以内生性治理为核心的自律监管体系，逐步形成准入制度、交易规则、质量与安全保障、风险控制、信用评价机制等，以及与保险机构合作成立赔付基金或保险产品等。

从行业层面来看，则需要成立和发展行业协会，加强行业自律和信息共享；促进与监管部门沟通协作，树立行业规范和标准。

从政府层面来看，需要树立创新的监管理念，提倡包容性治理、适度监管，扩大政策法规张力；制定以用户安全保障为底线的创新准入政策；加快推进社会信用体系建设和公共数据开放建设，推进各类信用信息平台无缝对接，为经营者提供信用信息查询、企业网上身份认证等服务。

地方政府的政策措施

2014 年 2 月,在荷兰的阿姆斯特丹,针对空中食宿(Airbnb)的全世界第一个立法完成,当地监管机构与企业多次磋商后,开启了所谓家庭酒店业共享经济监管问题。管制要点有以下几方面:

1. 建立"个人闲暇短租"新类别,允许本地居民将个人房屋在闲暇时间整体短租给外来访客,短租房屋可为自有住房或经房主同意的租赁房;

2. 房屋评估月租金须达到 958 美元以上(由相关机构根据其区域、房屋质量、环境等评估)才能获得"个人闲暇短租"许可;

3. 每房一批次接待短租访客不得超过四人;

4. 同一租客不得连续短租四天以上,每房年整屋短租(非共享模式)不得超过 60 天;

5. 征收旅游税 5%;

6. 出租房须满足有关消防安全要求;

7. Airbnb 需在其平台上向房主及租客明示政府有关监管要求,每年向房主发送两次邮件提示法律规定;

8. 双方联合打击非法短租行为;

9. 短租不得影响社区和邻居,如被投诉,监管机构可以取消许可。

不仅是阿姆斯特丹,很多地方的政府都想对分享经济的新产业们立立威,担心它们的迅速壮大会影响到当地的传统经济发展。

在纽约,Airbnb 曾经被告上法庭。后来,Airbnb 公司不得不同意按州检查总长要求,定期向政府提供后台数据,以便监管机构稽查涉嫌违法行为。与此同时,Airbnb从平台中清理了2000多名"恶劣"的房东,这些人中有涉嫌非法经营酒店的,还有多套房放租的。而平台对外宣称,这些房东被清理是因其"并不能向客人提供一种优质的本土体验"。为配合执法,平台上还增加了有关法规规定和信息警示。

在Airbnb公司的大本营旧金山,2014年年底,政府也在全美率先立法,将互联网家庭旅店业纳入管制,管制法规自2015年2月1日起正式实施。当地政府表示,愿意通过立法给共享式家庭酒店业合法发展空间,从而带动全市经济蓬勃发展。

法律实施之后,地方财税机关追诉Airbnb立法前的税收,预估补征额及罚款约为2500万美元。令人咋舌的是,Airbnb彻底改变了以往的对抗策略,悄悄把钱缴了。并且,2015年一季度,Airbnb逐渐与各地的监管机构达成和解,在3月公司估值的时候,Airbnb的估值从之前的100亿美元直接翻倍到200亿美元。可见,管制不一定只有束缚,也可能会带来甜头。

各个地方的法制不同,对于新生事物的容忍程度也不相同。监管的目的除了保护消费者,还有维护市场公平竞争、协调相关人员的利益的作用。共享经济监管的关键,就是要对共享与商业运营进行合理的划界。对于共享模式可以不设限制,但是,对于共享模式下的出租获利则进行限制,且要求获利者按照相关规定纳税。监管法规的核心就是要协调各方的利益,保证出租人与房屋业主的利益平衡、出租人与小区住户的利益平衡、本地房屋租赁市场与家庭酒店短租市场的平衡、酒店业与网络家庭酒店业竞争环境的平衡。各方面都达到平衡了,常规经济才能井然有序地发展下去。

2015年10月15日晚,北京大学国家发展研究院主办了《网络预约出租汽车经营服务管理暂行办法(征求意见稿)》的政策研讨会。著名经济学家周其仁心有疑虑:这个文件公布后,很多专车一下又变得法律地位不明,如果用法律把专车轰到"黑车"领域,不仅解决不了百姓出行的问题,还会失去一次改善城市出行、解决出租车行业病的大好机会。周其仁建议,交通主管部门可以采用积极的态度,让各城市对打车软件采用不同的政策方式,看哪一种更顺应百姓需要。

面对众多非议,国家发改委综合运输研究所城市交通研究室主任程世东借媒体做出回应:"总体上看,新规应该说是比较开放,在度上把握得比较好。新规首先是承认了专车的合法地位,专车是个新生事物,不同的国家也采取了不同的措施,有的国家完全开放,有的是完全禁止,我们承认其合法性,给它一个市场准入的通道,是一个比较积极、稳妥的方案。"

10月22日,上海金融与法律研究院研究员傅蔚冈等12位专家联名提出建议,他们觉得新规存在"重大缺陷",希望交通运输部暂缓制定专车新规。专家们认为,新规存在四个方面的不当之处。第一,将平台和驾驶员之间的法律关系界定为劳动关系;第二,低估了平台的信息审核能力;第三,不当的数量管制;第四,对网络约租车信息服务平台的强制性地域分割。

12位专家认为,新规在应该提供充足的执法依据和监管方面,并没有做到位。比如说,专车运营中存在的道德风险和经营风险;发生交通事故后网络信息服务商与驾驶员和第三方的责任承担问题;泄露乘车人乘车信息等个人隐私的问题;向互联网平台提供虚假信息来从事相关服务或接受相关服务的可能等。

滴滴公司资深副总裁陶然在接受《中国新闻周刊》专访时说道:"共享经济的核心是,将私人闲置的物品、知识技能和时间有偿地与他人进行共享,比如二手交易市场、Airbnb,都是典型的共享经济。只有每一个共享经济的参与者都得到合理的经济回报,才能促进共享经济的健康可持续发展。政府应退出本应属于市场的领域,转变为高效而专业的监管者,这已经为改革的历程所证明,传统出租车市场,恰恰正是政府对于市场的不当介入,导致了垄断经营下服务质量难以提升,消费者和司机都不满意,也引发了许多社会问题和群体事件,成为长期不稳定因素。"

　　什么才是"合理的回报"呢?如果监管力度太大,各种共享资源可能会重新隐匿起来;而如果政府的政策措施不到位,对供求双方起不到相应的保护作用,分享的双方都有可能"玩"消失。毕竟业余的分享只是生活调剂品,不应让政府监管成为尴尬经济的根源。政府到底应不应该介入市场运作?如何介入才最顺应民意和经济需求?这是个值得被深入探讨的重大问题。

中国的分享经济特点

中国的分享经济大致经历了三个发展时期：萌芽期、起步期、成长期。

萌芽期大概是在 2008 年前后，受美国的克雷格列表（Craigslist）免费分类广告网站、纳普斯特（Napster）共享歌曲软件之类的分享经济平台的影响，不少留学生回国创业，从互动式问答的知识分享类网站起步，一举成为国内互联网行业的翘楚，如威客中国、猪八戒网等。

2013 年以前，应该算是中国的分享经济的起步期。在这个阶段，国内众多领域的分享型企业如涨潮般涌现，如滴滴出行、蚂蚁短租、饿了么、人人贷、红岭创投、天使汇等一系列网络共享平台。

从 2013 年开始，随着技术和商业模式的不断成熟，中国的分享经济正式进入成长期。此时，大家都像是发现了新大陆一样兴奋，参与分享的用户数量暴涨，还有大量资金进入，部分领域出现了具有影响力的黑马。本土化创新企业借分享经济的春风迅速成长，有些领头企业已经开始了全球化进程。它们融资、合作、并购，搞强强联合，无论是企业数量，还是市场规模都呈现出前所未有的加速成长态势。

《中国分享经济发展报告 2016》对我国分享经济的特征、驱动力和影响力都做了具体分析。报告指出：分享经济的技术特征是基于互联网平台，主体特征是大众参与，客体特征是资源要素的快速流动与高效配置，行为特征是权属关系的新变化，效果特征是用户体验最佳，文化特征是

"不求拥有，但求所用"。

分享经济对市场的驱动力主要表现在用户需求的提升、提高收入的意愿、信息技术的推动、消费理念的转变、灵活就业的追求、资本市场的热捧等方面。而其影响力也十分深远，比如激发创新活力，助力大众创新；扩大有效供给，打造新经济增长点；促进灵活就业，实现低碳生存；走向多元协同；等等。

从发展现状和演进态势看，目前，中国分享经济的发展呈现以下四个特点：

第一，产业已初具规模，未来潜力巨大。

有研究院数据显示，2012 年在线短租市场起步时市场规模仅有 1.4 亿元，2014 年达到 38 亿元，2015 年超过 100 亿元，环比增长 163％。在医疗分享领域，"名医主刀"自 2015 年 10 月上线后的几个月内就开展了数千台手术，业务量月均增速 40％以上。在网贷领域，行业发展还处在高速增长期，领先企业仍然保持 100％以上的增长。"搜易贷"成立于 2014 年 9 月，在 2015 年实现营收 65 亿元。京东产品众筹于 2014 年 7 月上线，截至 2015 年 12 月，京东产品众筹总筹资额已突破 13 亿元，其中百万级项目超过 200 个，千万级项目已有 20 个。另外，仅 2015 年，约有 7200 万人次参与过众筹活动，使用过 O2O 类本地生活服务的用户数量超过三亿人。足见分享经济发展速度之快、范围之广。平台企业的成长，就像搭载了"神舟十号飞船"一样飞快。众多摆在眼前的事实都说明其未来发展潜力巨大。

第二，随着分享领域的迅速拓展，平台数量持续上升。

在生活和工作中，我们可以分享的东西有很多，房子、车子、菜篮子、知识、创意、金点子，包括医疗保健、科研实验、资金借贷行业等。总之，你能看到的、想到的，全部可以在分享经济中找到。换句话说，分享经济已经渗透进我们身边几乎所有的领域。

近年来，分享经济迅速发展，慢慢形成几家独大、百家争鸣的壮观景象。有个性、有优势、有特色的代表性企业脱颖而出,分别在衣、食、住、行、购各个领域里独领风骚。在房屋住宿方面出现了蚂蚁短租、小猪短租等,在交通出行方面出现了滴滴出行、优步、PP 租车(现更名为 START 共享有车生活平台)等,在众包方面出现了京东到家、猪八家、人人快递等,在共享金融方面出现了红岭创投、人人贷等。还有很多其他领域的成功案例,都让分享经济变得更加人性化、细分化。

第三,交通出行发展最快,示范引领作用凸显。

易到用车于 2010 年 5 月在北京创立,是交通出行领域中玩分享经济最早的,却不是发展最快的。滴滴出行和快的打车作为后起之秀,总结前人经验,谋定而后动,知止而有得。短短几年之间,滴滴出行迅速崛起,且战略合并了快的打车,从此滴滴打车便成为交通出行分享领域里当仁不让的领头羊。

作为分享经济的领头羊,出行分享肩负着示范引领作用。其成长历程及竞争战略都是空前的经验财富,可给后来者借鉴和参考。政府针对它们制定的政策,对整个中国分享经济行业都将起到一定的风向标作用。

第四,本土企业创新崛起,积极开拓国际市场。

中国有许多独特的优势。比如中国拥有最多的创业企业,有最多的高校毕业生,有强大的消费者群体,等等。这些特质注定了中国分享经济企业的发展模式:从模仿到成长,再到创新;从跟随到超越,再到引领;从本土化到全球化。

目前,滴滴出行着手与 Lyft、GrabTaxi 和 Ola 等打车应用软件开展国际合作,产品将连通、覆盖 50% 的全球人口,为中国、美国、印度等用户提供无缝跨境出行服务。WiFi 万能钥匙[①]的海外市场之路也在逐渐扩张,公司已在巴西、俄罗斯等 50 个国家和地区的谷歌游戏(Google Play)工具榜上排名第一,成为用户覆盖全球的中国移动互联网应用之一。

---

① 是一款基于分享经济模式而推出的免费上网工具。

　　中国的分享经济虽然成长很快,成就非凡,但在政策导向趋于明朗而竞争格局尚不稳定的情况下,还将面临许多挑战。比如:分享实践发展加快,监管体系亟待重构;创新引发利益调整,统筹协调难度加大;产业发展尚不成熟,许多问题有待解决;观念认识不到位,原有法规不适应;等等。

　　然而,道路是曲折的,成功是必然的。中国发展分享经济有自身的有利条件:转型发展的强大需求、网民大国红利、节俭的文化、成功的实践。企业家们只要把握好方向,坚定信念,发扬优势,就一定能让中国的分享经济问鼎未来经济的霸主地位。

你不知道的未来的分享经济

分享的产生源于经济剩余,闲置资源在个人手里就是闲物、闲钱,在企业手里就是闲置库存和闲置产能。城市里到处都有闲置资源,当下的分享经济是以个人分享为主流,在未来的日子里,将会逐步扩展到企业和政府,以及其他领域。

分享经济最主要的平台是互联网,互联网通过技术整合,让分布式和碎片化的经济剩余快速高效地运转起来,在全社会范围内进行大规模的供需匹配,让参与者皆可受益;以利己又利他的方式,使供方可以获得收入,而需求方又能降低成本。请注意,这里说的是降低成本,而不是免费。

有些不了解分享经济的个人或企业容易走进误区,他们觉得分享或者共享就是免费让大家来用,就像百度、搜狗,还有 360 那些软件,全都是分享经济的产物。不错,分享经济里面有爆品,有免费的部分,但分享经济并非是免费经济。在未来,我们可能会接触到更多的共享资源,其中可能有更多的免费产品体验,但这些免费是为了增加用户量,让产品在拥有更多的粉丝之后,带动同品牌其他类产品的销售风潮。

不要认为分享经济是对传统行业的颠覆,相反,如果传统企业拥抱分享,或许可以超越自我,创造奇迹。别看现在不少传统企业对分享经济的态度意味不明,有的漠视观望,有的不知所措,仅有为数不多的企业积极参与。但是,当它们将来认识到分享经济带来的除了冲击与挑战,还有新的发展机遇后,自然会调整企业自身的发展策略,尽可能快速、积极地融入分享经济中来。或合作转型，或借力众包、众筹来促进企业的发展，或以收购和参股为主要方式实现资本化的运作。

许多制造业企业最先从疯狂淘宝客们的刺激中醒来，积极推进个性化、网络化、柔性化的制造模式，并由生产为主向服务优先转型。海尔集团顺应市场，积极提出了"人人创客"的转型战略，竭尽全力推动海尔从制造产品向制造创客转型。相信转型之后的海尔，更能满足个性化消费者的需求，也能更好地适应市场生产分散化的新动向。换言之，人性化更强了，"用户为中心"的思想植入了企业文化。越来越多的传统企业明白以人为本和依靠价值创造来获取可持续发展能力的重要性。

为了不让自己落伍，汽车巨头们也纷纷引入分享经济模式。奔驰、宝马、奥迪等名车开发了以租代售、停车共享等领域的业务，目前已经取得了很好的效果。未来肯定还会有其他品牌加入，用户们可以享受到的福利也会越来越多。

有人可能感觉现在的分享经济安全性还不高，要再等等看，等这个模式成熟稳定的时候再加入进来。殊不知，那个时候可能就已经晚了。既然制度不完善，那就需要完善自身。企业可以加强自我监督，主动履行社会责任，这样不仅有助于企业获得公众信任，还能塑造良好的企业品牌。

分享经济的类型大致有四种：C2C（Customer to Customer，消费者到消费者）、C2B（Customer to Business，消费者到企业）、B2C（Business to Customer，商家到消费者）、B2B（Business to Business，企业到企业）。其中最活跃的要数C2C，即以个人供需连接为主，是个体交易的回归。其他模式也各有各的优势，关键是任何分享经济模式都能够帮助个体降低成本，提升收入，这对于先后经历过次贷危机和欧债危机的全球市场来说，无疑是一支重磅强心剂。分享经济狠狠地刺激了全球经济的疲软期，使之产生小规模的兴奋上扬。

《中国分享经济发展报告 2016》明确提出，未来几年，分享经济发展

分享经济可以这样玩

将呈现五大趋势：

第一，内涵持续深化，外延不断扩大。

目前，分享经济主要活跃在住房、交通、家政、医疗、教育、金融等与人们生活相关的服务业领域，未来将迅速渗透到基础设施、能源、农业、制造业等更多生产性领域。人类可以通过分享来共同面对和努力解决贫困、经济衰退乃至气候变化等全球性问题。

第二，竞争日趋激烈，少数企业胜出。

分享经济市场潜力大，门槛低，随着步入企业的增多，未来几年竞争将更加激烈。在部分发展较快的领域里，将会有少数企业独占鳌头。几年后，中国很可能会出现若干家巨无霸平台型企业。

第三，传统企业转型，积极拥抱分享。

有条件的企业正在积极实施转型发展战略，还有些企业通过与创新企业合作的方式创造新的价值。如在办公空间分享领域，万豪集团（Marriott）、微软等与流动空间（LiquidSpace）公司的合作；在零售领域，美国最大的有机食品超市全食超市与共享物流配送公司 Instacart 在全美的 15 个城市进行合作。

第四，监管体系重构，社会协同治理。

协同治理既是分享经济发展的客观要求，也是必然结果，政府、企业、社会组织、用户在其中分别发挥着重要且不可替代的作用。近年来，国内分享经济各领域也出现了许多行业组织，为促进协调沟通、资源共享、行业自律做出了不少贡献。我们有理由相信，未来的监管体系会更完善、更透明、更人性化。

第五，倡导开放包容，走向信息社会。

创新性的商业实践通常都是领先于制度与法律进程，在这个过程中，不能强迫新生事物符合旧的制度框架，需要给创新留有试错的余地。从未来发展趋势看，支持和鼓励创新将成为政府监管与各项制度设计的基本原则，有利于新事物成长的"试错空间"将越来越大，分享经济充分发展的红利将惠及每一位社会成员，推动人类走向更加开放、包容、和谐的信息社会。

分享经济的理想很丰满，为了不让现实变得骨感，必须且行且调整，不断解决成长中的烦恼。比如，建立协同治理模式，自律并加强内部制度，接受政府管理，共建、共享整个社会的征信体系等。目的只有一个，让中国的分享经济在未来引领世界。

第十章

成功经济案例解读，走在前面的赢家

滴滴出行：一站式的交通平台

还记得滴滴之类打车软件未出现的时候，我们是怎么打车的吗？站在马路边上招手，活像个随风而动的稻草人。无论炎炎烈日，还是寒冬腊月，不管凄风冷雨，抑或霜雪刺骨，谁叫咱家没有车呢，等出租的时刻怎一个"苦"字了得。

多少人感叹过，在"首堵"的北京，每个冬天都很难捱。特别是下雪的时候，你冰雕一般站在小区门外或路口，对着马路挥手，直到被雪花淹没，也未必会有的哥开过来瞧你一眼。并非你的魅力不够，只是那溜冰场似的路面，乌龟爬一般的速度，让出租车师傅都提不起上路的兴致。

可私家车却不同，就算堵在路上，这班他们无论如何都要上，这路滑与不滑都得走。反正要开车，不如分享剩余的座位给其他需要的朋友，予人方便，自己还能小赚一笔，何乐而不为呢！

纵观前史

2012 年 9 月 9 日，滴滴出行诞生于北京中关村，它是一款由小桔科技公司推出的免费打车软件。该软件投入使用后不久，便立刻得到首都人民的爱戴，尤其是那些工薪阶层的小白领们。分享不仅降低了供方的使用成本，还为需求方大大节约了出行费用，最重要的是，等待时间减少了。用户用软件叫车后，可以清楚地知道自己要等多久，不会再漫天目的地等待下去了。

2012 年 12 月,滴滴获得了 A 轮金沙江创投 300 万美元的融资。12 月 2 日,滴滴开通了预约功能,可以即时预约明天乃至后天的出租车;增加了加价功能,在高峰期或者不好打车时,以加价方式来提高用户叫车的成功率;省掉了注册和登录流程,让用车更加便捷;之后,还增加了呼叫等待功能和预约等待功能,大大提升了叫车成功率。

2013 年 4 月,滴滴获得了 B 轮腾讯公司 1500 万美元的融资。次年,滴滴正式与微信开启合作,用户可以用微信支付车费,从此告别现金找零。合作开始当天,微信支付超过 6000 人次,加上中信产业基金 6000 万美元、腾讯 3000 万美元,以及其他机构 1000 万美元融资的注入,滴滴成为首个获得 C 轮融资的国内打车软件。

2015 年 2 月 14 日,滴滴出行与快的打车联合发布声明,宣布两家实现战略合并。这次合并对两家公司都有非同寻常的意义,它们从原先的对手一下子成了朋友。创业之初,滴滴与快的争先恐后比补贴,赛着跑地抢客户,大把大把地烧钱,直到快两败俱伤时,两位老大终于肯坐下来谈一谈,握手言和。战略合并的结果就是,两家公司都可以正常有序地继续运转下去,没有了恶性竞争,没有了针锋相对,结伴经营起中国打车软件市场的新明天。

和平共处的结果是双赢。2015 年全年,滴滴出行包括出租车、专车、快车、顺风车、巴士、代驾、试驾、企业版在内的全平台订单总量达到 14.3 亿,注册用户突破 2.5 亿。仅"快车拼车"一项业务,运营没多久,就扩展到全国 15 个城市,有超过 8320 万人次使用,日均订单突破 157 万。

2016 年 5 月,滴滴出行从苹果公司获得 10 亿美元的战略投资。本轮最新融资让滴滴估值达到 250 亿美元。与此同时,滴滴平台上的专快车日成交订单总数首次突破一千万大关。

5 月 12 日,中国品牌价值 500 强评审委员会揭晓第十届中国品牌价值 500 强榜单,滴滴出行排名第 37 位。

创新突破

2015 年 7 月 12 日，滴滴与西安航空飞行体验中心签约，与之联合推出滴滴一号专机，即滴滴一键叫飞机服务，这也是陕西省开发的首个直升机游古城项目。普通市民可以用 998 至 1498 元不等的价格租一架小型飞机，于百米高空全方位、无死角地俯瞰西安古城。这只是一个开端，滴滴正努力实现用户可通过"滴滴打车"软件叫"飞的"出行的理想境界。

2015 年 9 月，滴滴先后投资印度打车服务应用软件 Ola 和美国共享出行应用软件 Lyft。之后，又结盟新加坡打车应用软件 GrabTaxi，四方合作的跨境产品将覆盖全球 50％的人口。滴滴连续的海外投资不仅彰显了其独到的战略眼光，也使其全球化的触角伸得越来越长。

2015 年 10 月 15 日，阿里健康对外宣布，携手滴滴在北京、上海、杭州、南京等四个城市推出医生上门的服务。不久，滴滴入股"饿了么"，双方就配送业务全面展开合作，共同搭建两个轮子电动车及四个轮子汽车的"2＋4"同城配送体系。

2016 年 1 月，滴滴出行与教育品牌"好未来"合作，共同投入数千万资源启动一项"出租车司机子女公益助学计划"，免费为出租车司机子女提供长达半年的专业网络教育辅导课程。与此同时，滴滴与招商银行联合宣布双方达成战略合作，未来双方将在资本、绑卡支付、金融、服务和市场营销等方面展开全方位合作。同时，招商银行还将作为战略投资者投资滴滴，使其进一步壮大。

广撒网，多敛鱼，择善而从之。这或许就是目前滴滴出行之类的企业在新兴分享经济下选择的路。它们摸着石头过河，未来可能有不断的惊喜，当然也会有挫折。只有坚定地走下去，拨开迷雾，前方才能更清晰。

畅想未来

2016 年 6 月 2 日，凯鹏华盈（KPCB）合伙人玛丽·米克公布了 2016

年《互联网趋势》(*Internet Trends*)报告，全球互联网企业20强名单包括滴滴出行；6月22日，《麻省理工科技评论》评选出50家"最智能"科技公司，滴滴出行排名第21位；7月1日，2016年中国独角兽企业估值排行榜TOP300出炉，滴滴出行排名第3位。

　　未来还是个智能机器盛行的世界，谁掌握了先进技术谁就能拥有绝佳商机。谷歌等科技巨头，还有特斯拉、通用和戴姆勒等汽车厂商，它们都投入大量人力、物力在研究无人驾驶技术。特斯拉的Autopilot自动驾驶模式目前已经在美国正式启用，这立刻给同行们带来了压力。2016年1月，通用宣布与美国分享出行应用软件Lyft合作，开发无人驾驶汽车。而滴滴刚好在Lyft有投资股份，足见其决策层的先见之明。在共享经济的背景下，相信滴滴的明天会更好。

优客工场：联合办公的新天地

当了多年副手，有梦想没机会，或刚刚毕业有干劲儿没经验，抑或有创业冲动却又苦于资金有限的你，有没有想过与别人合租一间办公室，或者只是临时占用一个工位，让自己顺利渡过创业艰难期呢？是的，你没有听错，偌大的办公区域，齐全的配套设施，前台、会议室、茶水间，水电、网络、卫生保洁，甚至连安保服务都一应俱全。而你，只需要支付一张办公桌的租赁费用，就可以进入这样漂亮整洁的大办公区，开创自己的事业了。是不是很惬意？

成长足迹

2015 年 4 月 17 日，万科前任高级副总裁、北京区域本部首席执行官毛大庆首次公开其创业项目"优客工场"。随着天使投资人与联合创始人团队陆续到位，优客工场在一个多月时间内已经完成了在北京的十处选址，大有"跃马驰骋只我狂"的蓄势待发之威。

毛大庆离开万科集团后，曾两赴美国寻求房地产领域内的新发展。一次偶然的机会，CoWorking（共同办公）给了他启发，于是他决定大胆涉足自己并不熟悉的互联网领域。

他说："社会上有那么多房子没人用，那么多人想创业找不到地，还有那么多钱想投不知道该投给谁。我要做一个平台，把闲置资产、钱、想创业的人全部集合在一起，让资源利用的效率最大化。"于是，优客工场诞生了。

初创业时优客工场的办公地点设在北京四惠大厦,环境并不怎么好,毛大庆连个像样的办公室都没有。直到几个月后,阳光100优客工场装修完毕,毛大庆和他的公司才进入正式运营模式。

之前,曾经有人调侃毛大庆,年过40创业有点晚了,他却不以为然地笑笑。宗庆后44岁创办娃哈哈,牛根生41岁创办蒙牛,朱新礼40岁创办汇源,褚时健74岁开始种橙子。自己还年轻得很,只要精力充沛,随时可以从头再来。

优客工场成立后,陆续有知名融资机构介入,徐小平、红杉资本董事长沈南鹏、创新工厂董事长李开复、诺亚财富董事局主席汪静波等带领的11家公司,以入股或合作的方式,全都成为优客工场的投资人。2015年9月,优客工场率先完成超过2亿元的A轮融资,成为中国联合办公市场急速杀出的一匹黑马。

9月16日,阳光100优客工场旗舰店正式启幕,优客工场创始人、董事长毛大庆携手易小迪、徐小平、周逵等十余位知名人士共同揭幕。

毛大庆把优客工场定位为创业者孵化平台,以构建创新创业生态圈为己任,经过精致装修,将一切办公场所应有的资源备齐,力求打造便捷、高效、经济的众创空间。为海归人才、科技人员、大学生创业者及所有“创客”搭建基础平台,助其降低创业门槛,加速孵化进程,提高创业成功率。优客工场内部还提供财务、税务、法务、人资关系等必要的服务,颠覆传统的写字楼办公模式,成为扶助创业企业发展的助推器。

新思维,新合作

优客工场有点类似于美国的WeWork,又跟李开复的创新工场有几分像。其实,说它们像,倒不如说优客工场汲取了两者的优点,将其合二为一,开创了联合办公社区租赁及创投孵化新模式。毛大庆用创新的思维,为创业者们铺了一条更短平快的路。

毛大庆给优客工场的业务定位是"B2B＋B2C"模式。优客工场与企业签约，企业入驻后成为会员，可享受工场提供的全要素服务。除基本的办公桌椅、活动空间、常用设备外，还设有各项配套服务及社交活动组织等。

创业者几乎是抱个笔记本就能到优客工场开展工作，那里不仅办公设施和设备一应俱全，外在配套设施也非常完善，硬件方面和环境氛围都非常有利于创业者，人文艺术气息也很浓厚。另外，优客工场还提供市场推广、会展、工商税务注册、法律政策咨询、人力资源管理、投融资对接、金融保险财务、大数据、云计算等生产性服务，以及书吧、茶座、健身、医疗健康之类的生活服务。此外，优客工场还时不时举办一些社交活动，旨在促进跨界交流与合作。迄今为止，优客工场为入驻企业举办的社交活动已超过百余次，参与人数超过 6000 人。

成立不到一年，优客工场就在全国 16 个城市布局了 36 个项目。北京阳光 100 优客工场旗舰店已经开始正式运营，上海的漕河泾·优客工场也正式开业，优客工场已有能力容纳 3000 个创业项目一起办公。"将桌子租出去"只是毛大庆创业的第一步，优客工场的共享性创业社区还有更多、更广的领域有待开发。

发展预期

2016 年 3 月 14 日，中国共享办公企业优客工场宣布成功完成约 2 亿元的 A＋轮融资，估值近 40 亿元，中投汉富、中投合众、永柏联投等机构参与了本轮融资。三个月后，银泰置地和中融信托又向优客工场伸出橄榄枝，优客工场完成 3 亿元的 Pre-B 轮融资，估值达到 45 亿元。

7 月 1 日，2016 年中国"独角兽"企业估值排行榜 TOP300 出炉，优客工场排名第 97 位。之后，互联网投研平台"爱分析"发布企业级服务 50 强榜单，优客工场排名第 8 位。

毛大庆为优客工场既定的三条盈利方向分别是：投资、进入教育和建立媒体矩阵。他说:"如果将来我们到了拥有两万张办公桌的时候,别说太多,如果有一万人拿出资源来共享,不得了,我们这个办公空间将来不知道会是什么样的云服务平台,它将会是社会大资源的一个云存储,这是一个'人联网',根本不是互联网,效果远远超越了物联网。"

"阿姨来了"：不一样的家政服务

随着现代人的工作越来越忙碌，人们没太多时间做饭、收拾家务。越来越多的中高收入群体、年轻人、小夫妻或留守老人，把目光投向家政市场，他们对于小时工和保姆的需求增加。只不过，大家传统意识里的保姆多是来自农村，没什么文化，做菜都带些家乡口味，不一定好吃，也未必如我们期待的那般讲卫生。有时候，由于语言或文化上的差异，交流沟通起来可能出现困难，甚至发生矛盾。所以，市场经常会出现找保姆难的情况。不用说，找一个满足自己要求，待人处世大方得体，各方面家务做得好的保姆，就像明星演唱会的 VIP 门票一样一票难求啊！

成长的土壤

2007 年 3 月，北京嘉乐会家政服务有限公司成立。嘉乐会是中国家庭服务业协会会员、北京家政服务协会常务理事单位、受表彰的全国百家诚信服务企业。成立以来，公司家政员曾多次荣获北京市家政服务员技能大赛优胜奖。其创办人之一周袁红女士，还曾受邀参加包括央视在内的多家电视台和媒体的节目。

2013 年，美国家政公司 Care.com 上市，给了嘉乐会另一创办人邹小舟一记当头棒喝。他突然意识到，中国的家政互联网化也已经到了势在必行的阶段，再犹豫就可能错过机会。3 月 21 日，在周袁红和邹小舟的努力下，一个基于家政经纪人制的保姆在线预订及支付平台"阿姨来了"

正式诞生。

作为领先的 O2O 理念家政经纪服务商,嘉乐会并未从传统行业彻底转型,而是把互联网作为平台工具,用分享经济的思维解决行业内的痛点和改善行业操作流程。邹小舟说:"家政 O2O 最大的瓶颈在于人,从业人员没有改变,就很难从本质上颠覆这个行业,'阿姨来了'的自我革命是于 2012 年年底通过家政经纪人对员工进行利益捆绑,把员工变成了合伙人,推翻了原有的分成方式,以人的方式突破、解决了人的问题。"

"阿姨来了"的服务细分到月嫂、育儿嫂、家务员、小时工、老年陪护、涉外家政、家庭教师、高端家务、别墅家务、管家等各个领域。平台上介绍的阿姨,每一位都通过了包括身份认证和线下面试在内的 14 项把关,上岗有意外保险,"阿姨来了"还建立了动态风险控制和包括"黑名单"在内的诚信服务体系。这些能让用户放心,也让阿姨们工作起来有信心。与此同时,每位雇主都享有 12 项服务保障。公司提供岗前全方位 24 小时模拟上岗培训、岗中提升性培训,确保阿姨服务技能持续提升。

多年的从业经验让嘉乐会认定了家政公司的责任,是以给雇主找一个好阿姨为前提,以匹配有责任心、诚信的家政经纪人为品牌理念。

2014 年 8 月 5 日,"阿姨来了"获得了清科资本数百万美元的 A 轮融资,这算是家政行业走上网络化之路后得到的第一个认可。

壮大的理由

"阿姨来了"率先推出在线预定、支付、点评为一体的家政经纪平台,将阿姨的服务质量与家政经纪人的信用等级绑定,信用等级又决定了家政经纪人的收入。这能够让经纪人发自内心地关注雇主需求,关心阿姨成长,从而提高雇佣匹配度,提升服务质量。

想通过"阿姨来了"找阿姨,可以通过微博、微信、APP、网站、400 电话等各种方式。流程也非常简单,包括在线咨询、面试阿姨、签约付款、入户服务、回访和投诉处理、续约或解约等,这些步骤很简单,只要用户表达清楚自己的需求，"阿姨来了"会根据用户情况进行匹配，为其寻找最适合的阿姨。

经过嘉乐会家政公司的线下培训，数以万计的阿姨和庞大的家政经纪人群体瞬间填充市场，家政经纪人采取顾问式营销方式，为客户提供一对一式的一条龙服务。而且，经纪人持双证上岗，可以在网上接受诚信评价，便于及时得到客户的反馈意见。

2015年"阿姨来了"通过对10万名雇主的跟踪记录，统计出2014年全年阿姨的工作成绩。"阿姨来了"平台上的阿姨一共为19080个家庭料理了家务，照顾了846位产妇和新生儿，照顾了5084个婴幼儿，陪护了897位老人，为雇主打扫了2亿平方米的房间，面积相当于19个中国。这样的数据，让人看着都想赞一句：阿姨真伟大！

"阿姨来了"还开设有茶艺、咖啡、摆台、插花、礼仪、奢侈品保养等课程，关注阿姨素质、修养和心理健康，致力于她们服务层次的提升。

经历几年的成长，"阿姨来了"已经在北京、上海等地拥有十多家实体品牌连锁门店，面向雇主提供以月嫂、育儿嫂、家政员为主的家政经纪服务。

责任与情怀

"阿姨来了"采用了全新的"家政经纪人"服务模式，协调、平衡用户和阿姨之间的关系。要求阿姨与雇主直接用手机和电脑进行沟通，本身也存在一定难度，也难以把控服务质量。邹小舟说："我们认为O2O最大的O是offline，从这个角度来讲，去中介化是要加引号的，标准行业可以去中介化，但家政是非标准的行业，很难把阿姨变成标准化的产品，当产品不能标准化时，不能把中间环节去掉。"

2015年9月，"阿姨来了"开办了"阿姨大学"班，共开设四个课程系列，分别是：母婴、育婴、家政和管理。学满课时并通过考试的阿姨，可以获得"阿姨大学"的毕业证书。截至2016年2月，"阿姨大学"已培训家政人员数万名,拿到"毕业证书"的阿姨超过 3000 名。

　　谈及"阿姨大学",周袁红说:"很多阿姨可能学历不高,当初因为种种原因没有上大学,而且阿姨们在上岗前都需要有相关的专业技能证书,在家政行业,阿姨的证书越多,等级就越高,尤其是月嫂、育儿嫂等紧俏岗位,薪水翻番很常见。阿姨的质量越高,也就意味着加薪的'筹码'越足。因此创办'阿姨大学'一是为了帮助她们提高专业技能,另外也是帮阿姨们圆一个大学梦。"

"饿了么": 开创餐饮外卖全新模式

你可曾有过加班到深夜,抽屉里再也翻不出一块饼干、一颗糖果,直饿得胃抽筋的经历?

出差签了一份重要合同,中午下了飞机,饭都来不及吃就往公司赶。一来,向领导汇报工作;二来,马上安排小组会议,讨论项目如何开工。一番折腾之后,就到下午三四点钟了,再去吃饭的话,恐怕没几家饭店在营业中,只好凑合吃点儿麦当劳或肯德基之类的垫一垫肚子,中晚餐就一起吃算了。不过,自从"饿了么"出现之后,美食被"端"上手机屏幕,我们品各地美食外卖的幸福生活一动手指就可以实现。它让你 24 小时足不出户便能享受到就近的中西餐、火锅、下午茶、甜点、水果生鲜等食物,只有你想不到,没有花钱买不到的吃食。

吃饱了就野蛮生长

2008 年 4 月,张旭豪还在上海交通大学读研究生的时候,就与康嘉在内的几个同学创办了"饿了么"网上餐厅,主要通过加盟餐厅的后台管理系统,以及前台网站页面的年服务费、交易额提成、竞价排名费用来赢利。

2009 年,恰逢网络信息化在校园里盛行,张旭豪看中了餐饮外送行业,并准备开发网络订餐系统。于是,他找到上海交通大学软件学院的叶峰等同学,几个年轻人一拍即合,"饿了么"网络订餐系统的"交大帮"从此形成。而公司的名字"饿了么",则来源于宿舍里的口头禅。晚上或周末,众宿友组团打游戏激战正酣之际,总会有人跳出来问一嗓子:"饿了没,叫外卖吃。"

公司之所以不费吹灰之力就在校园打响名号,也正得益于这个"饿了么"的名字。张旭豪硕士毕业时,正值"饿了么"蒸蒸日上的发展阶段,为和大家一起奋斗创业,张旭豪主动放弃去香港理工大学深造的机会。在创业之初,面临缺资金、少经验的问题,张旭豪曾经亲自上阵送外卖,只为了解市场,直面用户真实的反馈意见。渐渐地,"饿了么"不但成为交大及周边院校学生订餐的流行语,也在上海许多大厦的白领间传递开来。10月的时候,日均订单已经突破 1000 单。

2010 年下半年,随着公司规模扩张,手机网页订餐平台上线,"饿了么"年交易额接近 2000 万元。次年 7 月,北京分公司和杭州分公司成立,A 轮融资陆续注入。2012 年 3 月,广州分公司、天津分公司成立,团队规模超过100 人。

2013 年 10 月,当深圳分公司、厦门分公司、南京分公司和长春分公司成立之后,"饿了么"完成了 2500 万美元的 C 轮融资。这次的领投方是红杉资本,其 A 轮投资方金沙江创投和 B 轮投资方经纬创投跟投。2014年 5 月,"饿了么"再获大众点评网 8000 万美元入股,并与大众点评达成深度合作。春节前夕,"饿了么"宣布完成 3.5 亿美元的 E 轮融资。

有数据显示,截至 2015 年 10 月,"饿了么"网上订餐覆盖城市 300 多个,用户量达 4000 万,日交易额近 8000 万元,日订单量超过 320 万单,有超过 4500 人的配送团队。

在竞争中烧钱

如今,"饿了么"已经发展成中国最大的餐饮 O2O 平台之一,是国内专业的网络订餐平台,致力于推进整个餐饮行业的数字化发展进程。它为用户带来方便、快捷的订餐体验的同时,也为餐厅提供一体化的运营解决方案。当然,大家疯狂下载"饿了么"软件还有另外一个原因,那就是补贴,实实在在的金钱补贴。在烧钱企业大佬排名中,"滴滴出行"以其 10 亿元的天价补贴位居烧钱榜第一,而"饿了么"则当仁不让地以每月补贴成本过亿元排名第二。

大家可能很困惑,这些 O2O 企业哪来的勇气和资本如此疯狂地烧钱呢? 勇气来源于客户,补贴越多,客户量越大。"不补贴留存不住用户,补贴一停用户数就减少",这是决策层的原话,却也暴露了烧钱模式下的痛点。当企业咬着牙狠命烧钱的时候,何尝不知道这是一种自残方式。但是,为了维护住庞大的用户群体,为了不掉"粉儿",企业只得打落牙齿和血吞。

还好有站在同一阵线上的大佬们,有送钱来给他们烧的投资公司。因为这些人看准了,当一切烧钱活动结束,没有了将鸟雀引入网下的粮食(补贴),用"饿了么"订餐便会成为有需求人群的习惯。

2015 年 6 月,"饿了么"自行研发的蜂鸟配送系统正式上线。之后,"饿了么"宣布开放网上订餐配送平台,主打即时配送和开放平台概念。此外,B2B 模式餐饮供应链"有菜"的推出,在降低餐饮商店采购成本的同时,保障了食品安全。

8 月底,"饿了么"获得华联股份、中信产业基金、华人文化产业基金、腾讯产业共赢基金、京东、红杉资本中国 6.3 亿美元的 F 轮融资。

12 月,阿里巴巴投资"饿了么"12.5 亿美元,占股"饿了么"27.7%,成为"饿了么"第一大股东。

2016 年 4 月 15 日,"饿了么"创始人兼 CEO 张旭豪通过内部信宣布与阿里集团及蚂蚁金服正式达成战略合作协议,同时获得 12.5 亿美元投资。其中,阿里集团投资 9 亿美元,蚂蚁金服投资 3.5 亿美元。

抢夺味蕾的金钱大战

《2015 年中国外卖 O2O 行业发展报告》显示,2014 年我国餐饮外卖市场份额已超过 1600 亿元,其中,外卖 O2O 营业额达 95.1 亿元,同比增加 125％。估计到 2017 年,外卖 O2O 体量将超过 400 亿元。市场如此大的一块蛋糕,是独食,还是分吃?

俗话说,同行是冤家。自古以来,同行之间的竞争就很激烈。"饿了么"和"美团"网,曾经就是一提起来让彼此"头疼"的存在。

这两个在外卖市场上最强劲的竞争对手,都属于重量级的 O2O 公司。截至 2015 年 1 月,"美团"完成 D 轮融资,估值 70 亿美元。"饿了么"次之。"饿了么"和"美团"的较量,就是从争夺线下的餐厅开始的。

市场需要的是良性竞争,诚信与可持续发展才是企业成长路上的试金石,任何对社会或企业自身造成不良影响的行为,终将成为企业壮大的绊脚石。要知道,绊倒千里马的不是高山峻岭,而是结环草绳。

"名医主刀": 让天下没有难做的手术

以前老一辈人爱说:"蜀道难,难于上青天。"自从宝成铁路竣工之后,"青天"我们已经翻过去了。现在的中国人苦叹:"看病难,比攀蜀道更难。"因为蜀道即便难以攀登,只要你下定决心坚持攀登,总会有走过去的那一天。但是,看病完全不一样。医生可以预约,床位也可以预约,但生命不会跟你预约。

一场大病突如其来,毫无预警,你匆匆忙忙赶去大医院排个队、挂个号,等确诊了,想动手术了,却没床位。要么继续等待两三个月,有床位再来住院,要么试着到其他医院转转。谁敢保证去其他医院就不用再等了呢?怕就怕,医生能等,床位也早晚有空出来的时候,只是这病情还等得起吗?

所以,"珍爱自己,远离疾病"是中国老年人最无奈的自我催眠式激励。不过,还好"名医主刀"上线了,我们又离健康近了一点点。

患者如何约名医

"名医主刀"作为移动医疗服务提供者,旨在让手术患者不需要排队挂号,不需要苦苦等待专家的约见,就能拥有"名医随时有,手术不再难"的便利,让手术患者可以得到及时的治疗。患者只需要通过"名医主刀"的服务平台上传自己的病历资料,平台上的名医助手就会邀请三甲医院的专家,对患者的病情进行线下会诊,给出具体的治疗方案。患者可以根据专家给出的治疗方案，在名医助手的安排下，进行后期的手术治疗。

在整个治疗的过程中，患者不仅可以缩短治疗的等候时间，并且可以获得专家们更加细致的诊疗服务。流程的简单化，让手术患者不再需要长时间的等待就可以进行手术，从此治愈"看病难"的顽疾。

"名医主刀"的建立，立志于打造移动医疗界最大的手术O2O平台。它打破了传统的医疗模式，让患者可以享受到"互联网＋医疗"所带来的更高效、更专业的服务。"名医主刀"创始人苏舒了解到，三甲医院的工作时间是周一到周五，而在"名医主刀"的平台上患者的就诊时间扩展到周六、周日，每周多出2天的诊疗时间，一年就多出了104天的诊疗时间，104天可让更多的患者"好看病，看好病"。

更何况，有些专家本着"医者父母心"的理念，自愿奉献出自己的业余时间，帮助更多的患者进行手术治疗，让患者可以及早地摆脱病痛的折磨。

另外，政府鼓励多点行医。三甲医生的顶级专家们可以通过"名医主刀"，将自己的业余时间充分利用起来，积极响应政府号召，将多点行医的政策落到实处，从而为更多的患者提供更好的诊疗服务。

"名医主刀"与多家有空闲床位的二甲医院及高端民营医院合作，拥有大量优质的床位资源，可以邀请三甲医院的专家到合作医院为患者进行手术治疗。让患者在三甲医院以外享受三甲医院的诊疗服务，同时有效提升合作医院的床位使用率，让患者免去了等床位、等专家的烦恼。

与爱有关的企业成长

苏舒高中毕业后，进入新加坡国立大学学习电子工程专业，其间，他拿着新加坡政府给的奖学金，去斯坦福大学做交换生，渐渐喜欢上美国的环境，毕业后进入高盛投资银行。直到得知外公身患绝症的消息，他才辞职回国。

让苏舒没想到的是，尽管身边的医疗资源非常丰富，祖父和母亲都是医生，可是他们对于外公的病居然完全帮不上忙。"家里有这么多医生，本来以为会非常便捷、高效地找到合适的医生，但家里动员了那么多的专家的朋友、同学，却找不到一个上海的主刀医生。"

无奈之下，苏舒自己拿着片子跑到上海肿瘤医院。挂不上号，就花高价钱买黄牛的号。终于见到专业的医生了，医生却直接告知他们床位不够。等床位，至少得等三个月。那一瞬间，苏舒有种无力的颓败感，甚至害怕外公的生命会因一张等不到的床位而发生意外。最后，外公终究还是走了，带着病痛和遗憾。

苏舒开始反思中国的医疗现状。他发现，在国内的大医院，挂上号，只不过是看病的万里长征的第一步。挂号难，之后等床位更难，约到一位专家级别的良医做手术，那简直是难上加难。然而，对于好的三甲医院，像北京的协和、同仁、安贞之类，三个月的预约时间都算是短的。

洪泰基金创始人盛希泰曾开玩笑说："凡是在五星级酒店消费的人，都是'被革命对象'，因为这些掌握资金和资源优势的人在看病时都习惯找熟人。找熟人不仅意味着好看病，更意味着能找好医生，看好病。这是一种属于上层富裕人群的'隐性'特权。"

而这样的"隐性"特权，不仅是苏舒曾经的痛，也是所有中国普通老百姓正在经历的伤。苏舒创办"名医主刀"的初衷就在于：打破特权，为超过十亿的社会二、三、四线城市的普通老百姓，提供一个找到好医生、看好病的平台。

2015 年 7 月，"名医主刀"完成 500 万元的天使轮融资，由真格基金、华旦天使投资、快创营、初心资本等机构共同投资。同年 10 月，又完成 6000 万元的 A 轮融资，由复星医药领投、高榕资本和真格基金跟投。

2016 年 4 月，"名医主刀"完成 1.5 亿元的 B 轮融资，由约印创投领投，汉富控股、复星医药、高榕资本、真格基金等机构进行跟投。一次又一次地跟投，足见投资人对苏舒和他的企业充满信心。

　　根据"名医主刀"内部统计数据，截至 2016 年 4 月，"名医主刀"的分部已经覆盖了上海、北京、广州、杭州、天津、南京、成都。"名医主刀"平台上已经有超过两万名外科系统的三甲医院主任医师、副主任医师（这类名医全国约有五万名），为超过一万名患者完成手术。

"小猪短租"：有人情味的住宿

小时候住在大院里，一群孩子亲密无间地玩耍，今天吃饭去你家，明天吃饭到他家。在许多中年人的童年记忆中，不少人读小学之前是吃百家饭长大的。因为平时长辈们都工作忙，大院里的邻居很自发地互相照顾，彼此迁就。一碗饺子，一捧花生，看似送给孩子们一起分享，其实，那里面透着浓厚的人情味儿。

如今，高楼大厦处处拔地而起，钢筋水泥仿佛也浇筑了我们的内心，我们的社交圈子大都带有功利性了，不由自主地对周围的人撑起冷漠的保护伞。陌生人还可以相信吗？我们将身体和情感都困在钢筋和水泥里，难道不孤独吗？

以前出差旅游或者到外地办事，大家都选择住酒店，千篇一律的环境，格式化的前台，职业的微笑，让你没办法从心里温暖起来。出门在外，最怀念的首先是家的感觉，其次便是眼前一亮的心动。这心动可能是因为房东几句贴心的安慰，也可能是一顿佳节的免费晚餐，更可能是你与房主的促膝长谈，让彼此有种相见恨晚的知音之感。而"小猪短租"成立的目的，恰恰是要让异乡变得温暖。

我们的心在路上

2012 年 8 月 2 日，"小猪短租"网站正式上线运营。仅半个月后，58 同城引入首家短租网站，与"小猪短租"达成战略合作。

2013 年 1 月 6 日，"小猪短租"完成近千万美元的 A 轮融资。事隔三个月，"小猪短租"又牵手百度 LBS 开放平台，依托百度强大的位置数据存储和计算能力，满足自身每天爆发式增长的业务计算需求，进一步优化用户体验。

"小猪短租"对房东的号召是：分享自己闲置的房间，如果方便，还可分享自己的心情和人生故事，与租客交朋友，既能挣钱又能收获不同的人生经历。对于在路上的房客们，"小猪短租"让你在旅行时尝试以极其低廉的价格住进风趣好客的房东家里，带给你独特而难忘的出行体验。

人情味是"小猪短租"的主打特色，网站的目标是：为旅游、求职、求学、出差、就医、聚会等出行人群提供高性价比的、有家庭氛围的、更有人情味的住宿选择。本着对房客负责的态度，"小猪短租"对房源进行实地验真和实拍，以确保房源的真实可靠。另外，还推出了"房客保障计划"和"房客人身安全保险"，以便房客遇到预订后无法入住、房间及设施与照片不符、房东临时提价等情况时，权益能够得到保障。

"小猪短租"为有房源、房间、沙发等闲置资源的房东们，提供了一个可以免费分享推广的平台。"小猪短租"依仗其强大的线上运营及线下管理团队，为房东提供专业服务，定期组织营销推广活动，并推行"个人房东财产保障方案"和"身份验证机制"，在确保房东收益的同时，也保护其安全。

别看现在的制度有这么多保障，这全都是"小猪短租"成立之初员工们全员当房东试验出来的结果。那个时候找不到愿意尝试的房东，公司只得发动公司全员及其亲朋好友上阵，网上传播暂时改为人际口碑传播。第一批房东，也包括"小猪短租"CEO 陈驰。

陈驰在自己当房东的一年时间里，接待了 50 多名房客，赚了将近四万元房租，而收获更多的却是"人心"。当然，他和房客之间也可能有摩擦，甚至有矛盾，但只要沟通好，大家还是可以彼此理解，为对方考虑的。而"包容与理解"正是陈驰要在"小猪短租"里传达的正能量的一部分，还有"分享"，以及"熟人社会"中的一切美好情怀。

陈驰曾笑道："公司全员都热衷于扮演'沙发客'与'个人房东'，这也带来了一个意想不到的好处——整个团队成员离用户非常近。只有和房东、房客真的交朋友，很多经验你才能知道。"

努力让明天更好

中国指数研究院发布的《2013年在线短租行业报告》显示，在短租消费群体中，2013年旅游度假需求占比达到60.6％，出差、考试约占入住目的的15.9％和13.3％。性价比高、居家感强、能满足个性化需求是租客选择短租房的三大原因，占比分别为35.8％、19.1％、16.8％。近几年，短租市场发展势头非常强劲，照这样下去，预计2018年，中国在线短租市场份额将会突破200亿元。

既然短租如此盛行，那就不能再只把它当作一种住宿方式，而要把它当成一种新的生活理念与理财方式。"小猪短租"将房源按出租目的分为以租养贷、以租养老、以租养租、以租养游等。除此以外，平台还积极开展各种活动。比如，2015年小猪短租和700Bike合作，联合推出了"城市漂流"房客招募活动，为期一个月，在北京、上海、广州、成都四城同时展开，目的是要传达"小猪短租——做有人情味的住宿"的品牌认知，增进品牌亲近感，增加用户黏性。

2015年7月8日，"小猪短租"完成6000万美元的C轮融资，本轮融资由愉悦资本领投，晨兴资本、中信资本、和玉资本跟投，以太资本作为财务顾问全程参与。

2016年"小猪短租"的订单量同比上年增加500％；每天新增房源300个，每晚有7000多个房间在网站上被分享；全国房源同比上年增长350％，其中，上海地区因为迪士尼乐园开园拉动住宿需求释放，房源同比增加400％。目前，"小猪短租"已经连接国内251个城市超8万套房源和500万活跃用户。

分享经济可以这样玩

2016 年 6 月,国内分享经济住宿平台"小猪短租"正式更名为"小猪",并推出新口号"居住自由主义"。CEO 陈驰表示,"小猪"很快会进军海外,试水日韩、东南亚等国家和地区。

图书在版编目(CIP)数据

分享经济可以这样玩 / 蔡余杰著.—杭州：浙江大学出版社，2017.9

ISBN 978-7-308-17041-3

Ⅰ.①分… Ⅱ.①蔡… Ⅲ.①商业模式—研究 Ⅳ.①F71

中国版本图书馆 CIP 数据核字（2017）第 150751 号

分享经济可以这样玩

蔡余杰　著

责任编辑	卢　川	
责任校对	杨利军　陈思佳	
出版发行	浙江大学出版社	
	（杭州市天目山路 148 号　邮政编码 310007）	
	（网址：http://www.zjupress.com）	
排　　版	杭州林智广告有限公司	
印　　刷	绍兴市越生彩印有限公司	
开　　本	710mm×1000mm　1/16	
印　　张	13.25	
字　　数	177 千	
版 印 次	2017 年 9 月第 1 版　2017 年 9 月第 1 次印刷	
书　　号	ISBN 978-7-308-17041-3	
定　　价	39.00 元	